하버드대생
공부법은
당신과 다르다

하버드대생

공부법은

당신과 다르다

류쉬안 지음 | 원녕경 옮김

(주)다연
DAYEON BOOK

삶이 대체 무엇인지 정확히 아는 사람은 없지만,
이는 조금도 중요하지 않다.
그러니 세상을 탐구하라!
당신의 연구에 깊이가 더해질수록
세상의 거의 모든 게 흥미로워질 것이다.

_리처드 파인만

이 책을 선택한 당신은 첫 장을 넘기면서 아마 이런 기대를 품었을 것이다.

'뭔가 획기적인 공부 비법이 담겨 있겠지? 그 비법만 익히면 내 학습 능력에 날개를 달 수 있을 거야.'

그렇다. 이 책에는 충분히 이해하고 습득하기만 하면 당신의 학습 능력을 높여줄 '비법' 같은 내용이 담겨 있다. 세계 최고의 심리학자, 뇌과학자, 교육자 들이 연구를 거쳐 도출해낸 결과를 바탕으로 하고 있기 때문이다. 다만 이 '비법'을 들여다보기 전에 당신에게 먼저 묻고 싶은 말이 있다. 당신이 생각하는 학습력이란 어떤 능력인가? 무언가를 학습할 때 당신은 이러한 능력을 발휘하고 있다고 느끼는가?

우리는 수영하기 전에 어떻게 호흡해야 하는지, 또 어떻게

물장구쳐야 하는지를 배운다. 그렇게 일정 시간 연습한 후에
야 본격적으로 수영을 시작한다. 노래하는 법을 배울 때도 마
찬가지다. 무작정 노래 부르는 것이 아니라 성대를 훈련하고
온몸으로 공명하는 법부터 배운다. 그런데 참 묘하게도 학습
에 대해서만큼은 아무도 그 방법을 가르쳐주지 않는 것 같다.
무언가를 '학습'하는 일에는 방법을 먼저 익혀야 더 잘할 수
있다는 일종의 공식이 통하지 않기라도 하는 것처럼 말이다.

솔직히 하버드에 진학하기 전에는 나 또한 이런 문제에 관
하여 생각해본 적이 없었다.

나는 남들이 보기에 공부깨나 하는 모범생이었고, 확실히
나 역시 꽤 오랫동안 내가 공부를 잘하는 사람이라고 생각했
기 때문이다.

미국으로 이주한 후 간단한 영어밖에 할 줄 몰랐던 내가 순
전히 노력에 기대어 전교 1등이라는 성적으로 스타이브센트
고등학교(뉴욕 맨해튼에 있는 과학고등학교. 일종의 특목고로, 미
국 최고의 공립학교 중 하나다)에 입학했고, 이마저도 조기 졸업
해 하버드대학교에 입학했으니까 말이다. 그러나 그곳에는
나보다 더한 공부 능력자가 많았다. 나는 그야말로 혀를 내두

르게 하는 그들을 보며 그제야 학습이란 무엇인지 제대로 들여다볼 필요가 있음을 깨달았다.

하버드대학교는 미국 보스턴의 작은 마을 케임브리지에 자리하고 있는데, 학교 개강일에 내 부모님은 직접 차를 몰아 나를 학교까지 데려다주셨다. 아마도 두 분에게는 그날이 굉장히 자랑스러운 날이었을 것이다.

당시 어머니는 내게 당부하셨다.

"공부 열심히 하렴. 기숙사에만 있지 말고 도서관 가서 책도 많이 읽고, 모르는 건 교수님께 많이 물어보고."

어머니가 그리던 아들의 대학생활은 매일 아침 엄청난 규모를 자랑하는 그 고풍스러운 도서관에 들어가, 해 질 무렵 도서관을 나서는 모습이었을지도 모르겠다.

하지만 나는 공부만 하지 않았다. 하버드에는 동아리 활동이 많은 데다 재미까지 있었으니까. 나는 도수 높은 안경을 끼고 그저 책만 파는 사람이 되고 싶지는 않았기에 아시아 학우회와 학보사에 가입했고, 방송국 DJ로도 활동했다. 물론 그렇다고 공부를 제쳐두지는 않았다. 학업의 중요성을 잘 알고 있는 만큼 지식의 바다에서 마음껏 유영할 수 있도록 철저하게 계획을 세웠다.

하버드에서는 첫해에 자신이 원하는 다양한 분야의 교양과목을 선택해 수강하고, 2학년 때 전공을 선택할 수 있다. 그런데 가능한 한 세 과목 이상, 네 과목 이하를 선택하는 것이 좋다는 선배들의 조언에 따라 나는 네 과목을 수강하기로 했다.

과목 선택을 마치자 옆에 있던 동급생이 말했다.

"수업 때마다 봐야 할 책이 어마어마하다던데 시간표 잘 짜야 할걸!"

그때만 해도 나는 전혀 문제 될 게 없다고 생각했다. 책을 보는 일이라면 자신이 있었으니까! 그러나 교재를 사러 갔다가 나의 두 눈은 휘둥그레지다 못해 튀어나올 뻔했다.

캠퍼스 옆에 하버드대생들이 애용하는 서점이 있는데, 그곳에는 과목별로 다양한 책이 갖추어져 있다. 기본적으로 한 서가에 과목별 책이 정렬되어 있는데, 자신의 선택 과목을 찾아 해당 서가에서 필요한 책을 골라 계산하는 시스템이다.

그 많은 서가 중 내게 필요한 책들이 꽂힌 서가를 찾아냈을 때, 나는 그제야 '지식의 무게'를 실감할 수 있었다. 그 서가에만 내가 사야 할 책이 거의 절반에 달했기 때문이다.

어쩐지 서점에 카트를 끌고 온 학생이 많더라니, 다 이유가 있었다. 처음엔 카트를 준비한 친구들을 보며 마트에 장이라도

보러 가느냐며 놀렸는데, 정작 뭘 몰랐던 게 나일 줄이야!

나는 두 번에 걸쳐서야 필요한 책을 전부 계산대로 옮길 수 있었고, 계산을 끝낸 책들은 내 책가방을 가득 채우고도 모자라 커다란 비닐봉지 두 개에 담겼다. 그러나 그렇게 메고 들고 오던 길에 비닐봉지는 결국 책 무게를 이기지 못한 채 찢어졌다.

결국 나는 친구에게 카트를 빌려 쏟아진 책들을 주워 담은 후에야 숙소로 돌아올 수 있었다. 우여곡절 끝에 운반을 마친 책들을 쌓아놓고 줄자로 그 높이를 재어보니 거의 90센티미터에 달했다! 그게 전부 교수님이 첫 학기 필독서로 지정한 책들이었다. 이를 모두 읽는 데 필요한 시간을 대충 계산해봐도 녹록지 않을 것이었다. 수업도 들어야 하고, 시험 준비도 해야 하며, 리포트 작성에 과제를 할 시간도 필요할 테니까!

이 모든 일을 소화하기 위해 처음엔 정말로 죽을 둥 살 둥 했다. 부족한 시간을 짜내고 짜내 밤새워 책을 보느라 눈에는 핏발이 서기 일쑤였다. 보통 오전 8시 30분에 첫 수업이 있는데, 나는 8시 20분 즈음에야 몸을 일으켜 겨우 세수하고 강의실로 내달리곤 했다. 그러다 보니 자리에 앉자마자 어김없이 졸음에 시달렸고, 이를 떨치고자 얼마나 많이 내 살을 꼬집었던가. 그렇게 나의 첫 학기는 피곤으로 점철되었다.

이런 상황에 빠진 것은 비단 나만이 아니었다. 동기들도 학습 강도가 힘에 부쳤는지 저마다 다크서클을 눈 밑에 달고 다녔다. 물론 날이 갈수록 시간도 절약하고 효율도 높일 나름의 방법을 찾은 친구들도 있었다. 그들은 아예 기숙사 식당에 자리를 잡고 피곤하거나 졸릴 때마다 커피 또는 콜라를 수혈하듯 마시며 공부했다. 그러다 보니 어떤 친구는 학기가 끝날 무렵 5킬로그램 이상 몸무게가 늘어 있었다.

내 능력을 의심할 정도로 힘겨운 하루하루를 보내며 멘탈 붕괴의 문턱에서 방황하고 있을 때, 나는 진정한 공부의 신을 발견했다. 그 존재는 바로 나의 룸메이트인 조였다.

나는 아직도 그와 처음 만난 날을 기억한다. 당시 짐을 끌고 기숙사에 도착해 건물 안으로 들어서자 쿵쿵 베이스 소리가 들려왔다. 배정받은 방에 가까워질수록 문틀이 흔들릴 정도로 소리가 커졌는데, 방문 너머에는 디제잉을 하는 조가 있었다.

나도 음악을 좋아하는 터라 그의 모습이 참 멋지다고 생각했다.

서로 자기소개를 마친 후 나는 그가 취미로 음악을 한다는 사실과 육상팀 선수로서 매일 운동장에 나가 훈련해야 한다는 사실을 알게 되었다. 나는 매일 아침 일찍 기숙사를 나서는 그의 모습을 볼 수 있었다. 그는 오후에 가끔 기숙사로 돌아와 잠을 청하기도 하고, 저녁이면 학생들이 여는 파티에 DJ로 서는 등 하루하루를 꽤 여유롭게 보내는 듯했다. 그에 비해 나는 거의 매일 도서관에 파묻혀 살다시피 했다. 그런 나로서는 그가 과연 얼마나 공부할 수 있을지 궁금했다.

이윽고 첫 학기가 끝나고 성적표가 나온 후 그에게 물었다.

"조, 성적 잘 나왔어?"

그는 어깨를 으쓱하며 말했다.

"그런 편이지. 전부 A니까!"

'뭐라고?'

나는 내심 놀라며 그의 성적표를 훑어보았다. 정말 그의 말대로였다. 꽤 어려운 과목을 수강했음에도 말이다!

나는 너무나 우울했다.

'대체 이 녀석은 어떻게 공부를 하기에 그렇게 잘 놀면서도 성적까지 잘 나온단 말인가!'

울컥하는 마음에 나는 조에게 물었다.

"어떻게 하면 매일 그렇게 여유로울 수가 있어?"

내 질문에 조는 반문했다.

"너야말로 어떻게 매일 그렇게 바쁘게 살아?"

그 순간 나를 비웃는 건가 했지만 그건 아니었다. 조는 내게 사뭇 진지하게 말했다.

"널 보면 말이야. 온종일 책을 읽고 있고, 그것도 모자라 걸핏하면 책을 잔뜩 안고 도서관에 가고…… 어떻게 해야 너처럼 그런 끈기가 생기는 거야? 난 그러질 못하거든."

"하지만 넌 종일 책을 보지 않고도 전부 A 받았잖아. 그것도 아주 여유롭게! 대체 비결이 뭐야?"

내가 가르침을 청하자 조는 이렇게 대꾸했다.

"You just do what you gotta do(꼭 해야 할 일을 해)!"

좀 뜬금없는 대답이라는 생각이 들려는 찰나 조는 이렇게 덧붙였다.

"사실 매일 해야 할 일이 많기는 하지. 하지만 잠깐 멈춰 생각해보면 꼭 해야만 하는 일이 그렇게 많지는 않을걸? 그러니까 무슨 일을 할 때는 지금 당장 꼭 해야 할 일부터 해봐."

이는 그가 대학에 진학하기 전 육상팀에서 배운 중요한 교훈이었다. 육상팀 활동이라는 게 원체 훈련에 많은 시간을 할애해야 하는 일이다 보니 코치님이 조에게 이런 말을 했다고 한다.

"훈련하면서 학업도 마치려면 시간이 부족할 거야. 그러니 반드시 해야 할 일이 무엇인지 파악하고 그 일부터 해나가는 법을 연습하도록 해."

그 덕분에 조는 어려서부터 '지금 당장 내가 해야 할 일이 뭐지?'라고 자문하는 습관이 생겼다고 했다. 그제야 시험을 앞두고 그가 하던 행동들이 떠올랐다.

그는 훈련을 마친 후 기숙사로 돌아와 씻고 옷을 갈아입은 다음 책상에 앉아 한참 동안 무언가를 들여다보았다. 그때만 해도 나는 그가 책을 펼쳐놓은 채 멍때린다고 생각했다. 그런 데 실은 수업 요강을 연구하고 있었던 것이다. 학기가 시작될 때마다 교수님은 학생들에게 해당 학기에 배울 내용과 봐야 할 책들을 정리해주셨는데, 조는 바로 그걸 보고 있었다.

그걸 왜 그리 오래 들여다보고 있었냐는 질문에 그는 이렇게 말했다.

"교수님이 우리에게 뭘 가르치시려고 하는지, 그 수업의 맥락을 파악하느라 그랬지. 그걸 알아야 내가 꼭 봐야 할 책이 뭔지 알 수 있으니까. 시간도 없고, 책을 전부 볼 엄두도 안 나고 해서 나름의 취사선택을 위한 준비작업을 했달까?"

그의 대답은 내게 큰 깨우침을 주었다. 그동안 나는 책을 처

음부터 끝까지 통으로 훑으며 시험 준비를 해왔는데, 효율보다는 양으로 승부 보려 했으니 늘 피로에 절어 있을 수밖에!

반면 조는 반드시 공부해야 할 핵심을 파악해 하루 두 시간이면 두 시간 온전히 그것만 파고들었다. 물론 이런 식으로 책의 모든 내용을 다 알 수는 없었겠지만, 학습 효율만큼은 상당했다. 실제로 시험에 나온 문제들이 그가 본 핵심에서 비롯되었으니까.

이를 계기로 나는 공부에 대해 다시 생각하기 시작했다.

꼭 자기 자신을 못살게 굴면서까지 한자리에 진득하게 앉아 무조건 공부하는 것만이 능사일까? 학문은 바다처럼 끝이 없으니 각고의 노력을 배로 삼아야 한다는 속담이 있을 만큼 사람들은 좋은 성적을 거두려면 많은 시간과 에너지를 쏟아야 마땅하다고 생각한다. 그러나 내가 하버드에서 관찰한 바에 따르면 진정한 공부의 신은 달랐다.

그들은 '공붓벌레'이자 '플레이어'였다. 공부와 동아리 활동, 각종 대회, 인간관계 등 어느 하나 소홀히 하지 않으면서도 시험 성적까지 좋았다. 누구에게나 똑같이 주어지는 하루 24시간을 그들은 어떻게 그토록 효율적으로 보낼 수 있었던 걸까?

그 답을 얻기 위해 나는 여러 공붓벌레에게 가르침을 청했고, 기꺼이 자신들의 방법과 경험을 공유해준 그들 덕분에 공부에 대한 다양한 시선과 인식을 알 수 있었다. 공부법을 배운 후 매일같이 책을 한 아름 안고 도서관으로 향하던 나도 달라졌다.

2학년에 접어들면서 나는 심리학을 전공으로 삼았다. 인간의 행동과 생각을 연구하는 심리학에 흥미가 있어서였는데 인간의 뇌가 어떻게 기억하고, 어떻게 집중력을 유지하며, 또 어떻게 자기 효능감을 높이는지 등을 배우면서 새로운 사실도 발견했다.

바로 조를 비롯한 공부의 신들은 몰랐겠지만, 실은 그들이 활용하고 있는 공부법이 두뇌 법칙에도 어느 정도 부합한다는 사실이었다.

이는 내가 이 책을 집필하는 동기이기도 하다. 이렇게 효율적이고 좋은 공부법이 있는데, 이를 정리하지 않을 이유가 없었다. 공부 때문에 고민하는 학생들에게 학습 능력을 2배 혹은 몇 배로 끌어올리는 방법을 가르쳐줄 기회이지 않나?

그런 의미에서 이런 공부법에 신빙성을 더해줄 여러 심리학적 연구 결과 중 개인의 특성에 따라 달라질 방법이 아니라 보편성을 가진 방법들만 골라보았다. 쉽게 말해서 방법을 익혀 그대로 적용하기만 하면 반드시 좋은 효과를 볼 수 있을 것이라는 뜻이다.

그러니 부디 이 책을 통해 자신에게 맞는 공부법을 꼭 찾길 바란다.

모두에게 하루는 24시간이고, 1년은 365일이다. 그러나 학년이 올라가고 나이가 많아질수록 갖가지 일을 소화하며 바빠지는 만큼 공부할 시간은 점점 줄어드는 것이 사실이다. 이는 어떻게 해야 이 한정된 시간에 최고의 학습 효과를 볼지 하루빨리 그 방법을 찾아야 하는 이유이기도 하다.

물론 시간이 흐름에 따라 배웠던 지식을 잊어버리기도 하고, 골치 아픈 시험도 뒷전으로 밀리는 순간이 올 것이다. 그러나 효과적인 공부법을 익혀두면 학교를 졸업하고 사회에 나가 직장생활을 할 때도 변함없이 효율적인 삶을 살 수 있을 것이다.

　부디 이 책을 읽는 당신이 부단히 흘러가는 시간 속에서 근본을 지키며 중요한 일을 놓치지 않는 방법을 익히길, 그래서 반짝반짝 빛나는 앞날을 맞이하길 바란다. 꼭 해야 할 일을 하는 것을 시작으로 말이다.

　　　　　　　　당신과 함께 성장의 길을 걷고 있는 친구, 류쉬안

SQ3R
필기법

질문 던지기

최강 기억력

공부 천재의 효율적인 학습법

ABC 모델

하버드
대학교

포모도로
공부법

시간 차
인출

Contents

소음 차단용 음악

고능률

공붓벌레 빙산 이론

최강 필기법

시간관리 기술

두뇌 정리법

파킨슨의 법칙

에너지 추적표

Chapter 01

학습력의 비밀:
방법을 배우는 것만으로는 부족하다

본격적으로 이야기하기에 앞서 중요한 질문 하나를 던지고 싶다.

"당신은 왜 공부를 하는가?"

아마도 대부분은 이런 반응을 보이지 않을까 싶다.

"왜는 무슨, 해야 하니까 하는 거지."

맞다. 우리는 어려서부터 부모님의 손에 이끌려 유치원에 가고, 당연한 듯 초등학교, 중학교, 고등학교에 진학해 다양한 지식을 배운다. 이는 반드시 해야 할 일이자 성인이 되기 위해 꼭 거쳐야 할 암묵적인 과정이기도 하다. 그렇다면 시험과 진학이라는 범주에서 벗어나 다시 생각해보자. 당신은 대체 왜 공부하는가?

마음에 드는 게임을 발견했는데, 도무지 깰 수 없는 관문에 부딪힌 경우를 예로 들어보자. 이때 당신은 보상받는 방법을 알아보기도 하고, 인터넷상의 고수들에게 직접 비법을 묻기도 하면서 그 게임을 세부적으로 연구하기 시작한다. 이것도 공부라고 할 수 있을까? 물론이다! 그럼 왜 이런 공부를 할까? 게임을 더 잘하기 위해서, 나아가 친구들에게 자랑하기 위해서일 것이다.

이번에는 캠핑이나 트레킹 등 야외 활동을 좋아하는 경우를 예로 들어보자. 부모님은 공부에 집중해야 할 때라고 말씀하시고 당신도 이에 동의한다. 하지만 서점에만 가면 관련 서적에 손이 가고, 다큐멘터리를 찾아보게 되며, 야외 활동에 필요한 물건들을 구매해 매듭법이나 텐트 치는 방법, 응급 상황 대처법 등을 연구한다. 이는 공부라고 할 수 있을까? 물론이다! 그렇다면 왜 이런 공부를 할까? 언젠가 야외 활동을 할 날을 위해서일 것이다. 당장 캠핑을 떠나지는 못하더라도 관련 지식을 학습하며 정신적인 만족감을 얻기 위해서일지도 모른다.

이렇듯 우리가 무언가를 공부하는 이유는 어떠한 목적을 달성하기 위해서 또는 어떠한 문제를 해결하기 위해서라고 할 수 있다. 마찬가지로 시험을 잘 보기 위해서, 순조로운 진학을 위해서 혹은 자격증을 따 더 좋은 일자리를 얻기 위해서 우리는 학교에 다니며 공부를 한다.

다만 학생 대다수에게 학교 공부는 이미 일상의 한 부분이라 게임이나 운동을 할 때처럼 자발적인 의지를 기반으로 하지 않기 때문에 그저 적당히 때워야 할 일 내지는 참고 견뎌야 할 일이 되어버렸을 뿐이다.

학교 공부 vs. 자발적 학습

학교 공부와 자발적 학습에 어떤 차이가 있을까?

자발적 학습을 할 때 더 큰 학습 동력이 발휘됨은 물론이다. 그러나 이를 떠나서 또 어떤 차이점이 있을까?

자발적 학습을 하면 첫째, 책이나 인터넷 혹은 누군가의 경험을 통해 어떻게든 다양한 자료를 얻으려고 한다. 둘째, 시도 때도 없이 공부한다. 기본적으로 많은 시간을 할애하지는 못하지만 틈만 나면 생각을 한다. 셋째, 자신이 가진 관련 지식을 다른 사람과 나누고 싶다는 생각에 인터넷상에서 불특정 다수 혹은 방과 후 친구들과 적극적으로 교류한다. 넷째, 시험을 봐야 할 필요도, 남과 비교할 필요도 없어서 부담 없는 만큼 학교 공부를 할 때보다 더 집중력을 발휘할 수 있고 그런 까닭에 공부도 더 잘된다.

그런데 실은 바로 이러한 차이점 속에 우리가 가진 학습 능력을 극대화해 공부 효율을 높일 비밀이 숨어 있다.

그게 대체 무엇이냐? 답을 바로 얘기하면 재미없으니, 일단 함께 시간여행을 떠나보자!

1만 년 혹은 2만 년 전으로 시간을 거슬러 가보자.

자, 우리는 원시 시대로 왔다. 이 초원 위에 당신과 비슷한 연령대의 소년이 하나 있는데, 그는 공부 문제로 고민 중이다.

"뭐? 그 시대에도 공부해야 했다고?"

당연하다! 수학, 물리, 화학 같은 학과 공부는 아니지만 소년이 속한 부족에는 일정한 나이에 이르면 성년식을 치르는 전통이 있다. 이 성년식을 통과해야만 독립적인 생활을 하고 사냥을 나가는 등 엄연한 어른으로서 더 많은 일을 할 수 있다.

성년식을 통과하려면 숲속에 서식하는 표범을 홀로 사냥해야 했는데, 이는 결코 쉬운 일이 아니었다. 당시에는 활과 화살은 물론이고 금속조차 없었으니까. 그들이 사냥에 사용할 수 있는 도구는 기껏해야 나무와 돌로 만든 간소한 창이 전부였다.

문제는 소년이 그마저도 제대로 다루지 못한다는 것이다. 지난번 아버지에게 창던지기를 배우러 나갔을 때는 그야말로 엉망진창이었다.

그날 소년과 소년의 아버지는 사냥감을 포획할 기회를 노리며 물가 옆 풀숲에 숨어 동물들이 물을 마시러 오기를 기다렸다.

얼마 후 소년만 한 덩치의 표범 한 마리가 나타났다. 표범이 고개를 숙이고 물을 마시기 시작하자 소년의 아버지가 소년에게 창을 던지라는 신호를 주었다.

긴장감 때문에 손바닥이 땀으로 흥건해진 소년은 속으로 상황을 시뮬레이션해보았다. 일어나자마자 창을 던질까? 일어나서 조준한 다음 던져야 할까?

아버지의 재촉에 소년이 결심을 굳히고 몸을 일으키려는 찰나 표범이 인기척을 감지한 듯 그들이 있는 풀숲 쪽을 바라보았다. 순간 소년은 그 자리에 얼어붙어 머릿속이 새하얘졌다. 그때였다. 소년의 옆으로 그림자 하나가 지나가더니 표범이 창에 맞았다. 소년의 아버지가 직접 나선 것이다.

이렇게 소년의 첫 사냥은 실패했다. 소년은 최소한 창이라도 던질 수 있으려면 마음속의 두려움을 떨치고 평정심을 유지하는 방법을 배워야 한다고 생각했다. 소년은 마을 주변의 작은 숲을 탐험하는 등 담력을 기를 방법을 찾아 나름대로 훈련했다. 마을 주변의 작은 숲에는 위험한 동물이 출몰하지는 않았지만, 저녁만 되면 온갖 새의 울부짖음과 작은 동물들이 내는 소리로 으스스했다.

소년은 가족들이 모두 잠들기를 기다렸다가 혼자 몰래 집을 빠져나와 작은 숲에서 밤을 보낸 뒤 날 밝을 무렵 다시 집으로 돌아가길 반복했다.

며칠이 지나고 담력이 꽤 늘었다고 생각한 소년은 아버지에게 한 번 더 사냥 연습을 하러 가자고 말했다.

그렇게 두 사람은 지난번 그 물가로 나왔다. 이번에 소년은 정말로 두려움을 느끼지 않았다. 기회가 오자 망설임 없이 몸을 일으켜 있는 힘껏 창을 던졌다. 그러나 창은 표범을 맞추지 못하고 빗나갔으며 이에 놀란 표범은 달아났다.

지난번보다야 훨씬 나아지기는 했지만, 이번에도 사냥은 실패로 돌아갔다. 소년은 실패의 원인이 수면 부족에 있다고 판단했다. 그동안 담력 훈련을 하느라 며칠 밤을 새운 것이 체력적으로 영향을 주었는지, 제대로 집중력을 발휘할 수 없었던 것이다.

세 번째 사냥 연습에 나설 때는 충분히 잠을 자 체력을 보충했다. 이때도 표범 사냥에는 실패했지만 거의 간발의 차이였다. 그날 이후 소년은 자신감을 가지게 되었다. 이제 창던지기의 정확도만 높이면 된다는 사실을 알았기 때문이다. 소년은 짚 더미로 표적을 만들고는 조준해 창을 던지는 연습을 했다.

그렇게 소년이 끝내 자신의 힘으로 표범 사냥에 성공한 것은 몇 개월 후의 일이었다. 물론 소년에겐 아직도 배워야 할 것이 많았지만, 적어도 표범 사냥이라는 시험에 통과해 '성년식'을 무사히 마칠 수 있었다.

소년의 이야기는 여기까지다. 그럼 다시 21세기의 현재로 시간을 돌려보자.

당신이 원시 시대의 소년 사냥꾼이었다면 어떻게 훈련 일정을 짰겠는가?

아마도 창을 던져 다양한 표적을 맞히는 데 많은 시간을 할애했을 것이다. 높은 표적, 낮은 표적, 원거리 표적, 근거리 표적, 어쩌면 이동 표적까지 두고 연습했을지 모를 일이다. 창을 잡는 방법에서부터 창을 던지는 동작, 던져진 창의 곡선 등을 달리하며 여러 방법을 연구하기도 했을 것이다.

우리 중 대부분은 훈련의 중점을 창던지기 방법에 두었을 것이라는 얘기다.

그러나 원시 시대 소년의 학습 경험에서 알 수 있듯이 창을 던지는 방법은 표범 사냥이라는 목표를 달성하기 위한 마지막 단계일 뿐, 소년이 가장 먼저 극복해야 할 문제는 덩치 큰 동물에 대한 두려움이었다. 너무 두려운 나머지 몸이 얼어붙을 정도라면 창던지기 기술이 아무리 뛰어난들 무슨 소용이겠는가?

그다음으로 소년은 체력을 관리했다. 체력은 집중력에 영향을 미쳐 정확히 조준할 수 있는지와 적절한 시기에 공격할 수 있는지를 결정짓기 때문이다.

이 두 요소의 영향을 받는 창던지기는 마지막에야 그 기술을 연마하며 각도를 조절하는 등 정확성을 높였다.

창던지기처럼 단순해 보이는 기술도 막상 제대로 익히려면 그저 창을 던지는 방법만 배우는 것이 다가 아니라는 뜻이다.

물론 요즘 시대를 살아가는 우리 중 대부분은 사냥법을 배울 필요가 없다. 우리의 학습 목표는 다양해졌으며 학습 장소 역시 오프라인에서 온라인에 이르기까지 광범위해졌다. 그렇다고 우리의 학습 행위 자체가 원시 시대 소년과 본질적인 차이가 있을까?

그 답은 '아니오'이다.

이는 우리의 뇌 기능에 의해 결정된다. 학습을 인간의 기본적 행위로 인식하면 단순히 학습 방법이 아니라 더 많은 요소가 학습 효과에 영향을 미친다는 사실을 알 수 있다.

학습에 영향을 미치는 3대 요소

1. 우리의 감정

아마 이를 보고 감정이 공부와 무슨 관계가 있느냐고 의아해할지도 모르겠다. 그러나 감정은 확실히 공부와 관계가 있다. 그것도 아주 밀접하게 말이다.

간단하게 예를 들어보자. 어느 날 수업 중에 당신의 절친이 당신에게 쪽지를 보내왔다. 그 쪽지에는 '우리 절교하자!'라는 글자가 적혀 있다.

이때 당신은 어떤 감정을 느낄까? 어리둥절함? 의아함? 괴로움? 당황스러움? 분노? 잘은 몰라도 '내가 뭘 잘못했다고 얘가 이런 말을 하지? 농담이야, 진심이야? 뭐라고 답을 해야 하지?' 하며 생각이 복잡해질 것이다. 심지어 숨이 막히고, 머리가 멍해져 어쩌면 좋을지 막연한 상태가 될 수도 있다.

자, 그럼 이때 선생님의 수업 내용이 머리에 들어올까? 선생님이 당신의 이름을 불러 방금 낸 문제에 답을 해보라고 한다면 그 문제가 뭐였는지 과연 기억해낼 수 있을까?

이것이 바로 감정의 영향이다.

감정은 주로 대뇌변연계에서 생성되는데, 대뇌변연계는 우리의 뇌에서 우선순위가 매우 높은 부위다. 뇌로 전달되는 모든 정보가 반드시 변연계를 거쳐 선별되기 때문이다. 한마디로 대뇌변연계는 필터 역할을 하며 우리의 행동과 생각을 좌지우지한다.

왜? 생존하기 위해서다!

한 원시인이 동굴에 들어갔다가 호랑이를 만났다고 생각해 보자. 그의 머릿속 반응 시스템이 고장 나 두려움도(호랑이가 자신을 해칠까 봐), 흥분도(사냥감이 생겼다는 생각에) 느끼지 못하고 아무런 반응을 보이지 않는다면 원시인은 어떤 운명을 맞이할까? 십중팔구 황천길로 갈 것이다.

그렇다면 정상적인 반응은 무엇일까? 호랑이를 발견한 순간 위험을 감지해 뇌가 곧바로 경보 모드에 돌입하면서 온몸의 에너지를 동원해 현재 처한 상황에 대처한다.

심장박동이 빨라지고, 혈압이 상승하며, 기관지가 확장되어 더 많은 산소를 들이마신다. 긴장 상태에서는 대량의 포도당을 방출해 근육에 공급하고, 부신에서는 아드레날린과 코르티솔을 대량으로 분비한다. 맞서 싸워 호랑이를 물리치거나 빨리 달아나기 위해서 말이다.

위험 요소가 사라져야만 뇌도 평상시 상태로 돌아간다. 그제야 산골짜기의 아름다운 풍광이 눈에 들어오면서 다음에는 가족들을 데리고 함께 놀러 와도 좋겠다는 생각도 할 수 있다.

인간의 뇌는 오늘날까지 끊임없이 진화하면서 그 기능이 매우 복잡해졌지만, 감정의 우선순위는 변하지 않았다. 보통 사람에게 태산이 무너져도 평정심을 유지하기란 사실상 매우 힘든 일이다.

이런 사실을 이해하고 나면 감정을 다루는 일이 왜 그렇게 공부에 중요한지 알 수 있다.

우리의 뇌는 어떤 형식으로든 '위협'을 받으면 생리적으로 모든 에너지와 집중력을 동원해 이 문제를 우선 처리하는데, 이때 공부는 부차적인 일이 되기 때문이다. 이러한 위협에는 누군가에게 혼이 났다거나 우정에 금이 갔다거나 시합에서 패배했다거나 약속을 어겼다거나 등의 상황들 때문에 생겨나는 상심, 슬픔, 불쾌감, 괴로움 등 부정적인 감정이 포함된다. 이뿐만 아니라 지나친 흥분처럼 과열된 감정 역시 뇌에는 위협으로 간주된다. 공부 자체에 자신이 없어 막연한 두려움이 든다면, 그래서 교과서를 펼치자마자 당혹스러움이 몰려오고 시험지를 받자마자 손발이 저릴 정도로 긴장감이 든다면 이러한 감정들이 근본적으로 학습 능력을 약화하고 학습 능률을 떨어뜨리기도 한다.

'평정심이 중요하다'는 이유가 바로 여기에 있다. 우리의 뇌가 평화로움, 안정감, 기쁨, 만족감 등 긍정적인 감정을 느낄 때 우리 에너지와 주의력을 공부에 더 집중할 수 있다.

뇌의 이러한 특징을 이해하지 못하면 기민하게 감정 변화를 알아채지 못해 제때 감정을 조절할 수 없고, 결국 들인 노력에 비해 성과가 적은 비효율적 학습의 굴레에 빠지기 쉽다.

2. 자기관리 능력

여기에는 체력을 관리하는 능력, 집중력을 관리하는 능력,

학습 과제를 관리하는 능력 등이 포함된다.

우리는 뇌에 휴식이 필요하지 않다고 착각할 때가 많다. 그런 까닭에 오늘 못한 일은 밤새 끝내면 된다고 생각하고, 방학 숙제를 잔뜩 밀려놓고 개학하기 며칠 전에 몰아 하면 된다고 생각하며, 시험공부는 일주일 전 벼락치기로도 충분하다고 생각한다.

하지만 정말 그럴까?

물론 그렇지 않다. 이는 뇌를 효율적으로 사용하는 것은 고사하고 뇌의 과부하를 초래한다. 생각해보라. 방학 동안 매일 3,000미터씩 달리기를 하기로 계획했는데, 이를 미뤄두었다가 개학을 며칠 앞두고 한 번에 몰아서 뛸 수 있겠는가?

분명 불가능할 것이다. 그런데 우리는 같은 신체기관인 데다 우리의 생각과 행동 등을 주관하는 뇌의 능력을 왜 이렇게 사용하는 걸까?

100여 년 전 프로이트는 우리의 정신적 활동에 에너지가 소비된다고 주장했다. 그리고 최근 미국의 저명한 사회심리학자 로이 바우마이스터(Roy F. Baumeister) 교수가 여기서 한 걸음 더 나아가 정신력도 한정된 자원임을 입증했다.

그는 정신을 하나의 유한한 에너지 시스템으로 보았다. 우리가 무언가를 생각하거나 결정하는 등의 행위를 할 때 '정신'이라는 에너지 시스템이 가동되는데, 자동차를 움직이려면 연료를 소비해야 하듯 이 에너지 시스템의 힘 역시 두뇌 활동에 따라 끊임없이 소모된다는 것이었다. 바우마이스터 교수는 생리적으로 우리의 두뇌 활동에 산소가 소모되고 포도당과 아미노산 및 다양한 미량 원소가 사용되는데, 이들은 무한대로 제공되는 자원이 아니라며 충분한 식사와 수면 등을 통해 보충이 필요하다고 말했다.

요컨대 사람 대다수가 오후보다 아침에 정신이 더 맑은 것처럼 우리의 뇌는 무제한 사용 가능한 것도, 언제나 높은 효율성을 유지할 수 있는 것도 아니라는 뜻이다.

두뇌의 이러한 특징을 기초로 우리가 도출할 결론은 두 가지다.

첫째, 최상의 두뇌력을 유지하기 위해서는 쉴 때 쉬고, 먹을 때 먹음으로써 에너지원을 공급해야 한다. 밤새워 공부한다거나 정신 차리겠다고 커피를 마시는 것은 무리하게 두뇌력을 사용하는 행동으로 바람직하지 않다.

둘째, 두뇌력이 최상일 때 공부해야 최고의 효율을 낼 수 있다. 일반적으로 저녁 시간보다 오전 시간에 공부하는 게 훨씬 더 효율이 높다면 공부 일정을 늦게까지 미루는 것을 피해야 한다.

이 두 가지를 실천에 옮기는 데 필요한 것이 바로 자기관리 능력이다. 공부의 신인 내 옛 룸메이트 조도 자기관리 능력이 뛰어났다. 그는 시간관리와 목표관리를 통해 자신의 학습 일정을 짰다. 우리가 학습 능력을 이야기할 때 자기관리 능력을 반드시 짚고 넘어가야 하는 이유는 바로 여기에 있다.

자기관리 능력에는 잘 자고 잘 먹는 바른 생활 습관을 기르는 일뿐만 아니라 우리의 심신 활동에 대한 인식도 포함된다. 인간의 집중력이라는 자원은 상당히 제한적이기 때문에 서로 다른 일에 동시 집중하기란 어렵다는 사실을 알아야 한다는 뜻이다. 빨리 걸으면서 45×27의 답이 얼마인지를 계산하기가 어렵듯이 말이다. 따라서 공부할 때는 공부와 무관한 물건이 눈에 띄지 않게 한다든지 유행가 등 공부에 방해되는 소리를 차단하여 뇌가 동시에 무언가를 처리해야 하는 상황을 피해야 한다.

또한 하루 동안에도 인간의 에너지에는 기복이 있어서 모든 시간 내내 높은 에너지를 유지할 수 없다는 사실도 알아야 한다. 그러니 자신의 하루 에너지 곡선을 측정해(8장에서 방법을 다룰 것이다) 에너지가 왕성한 때는 공부에 집중하고, 에너지가 저조한 때는 공부와 상관없는 일을 하는 식으로 일정을 짜보라. 그러면 학습 능률을 크게 높일 수 있을 것이다.

우리가 흔히 말하는 80/20 규칙(결과 대부분(Majority, 80%)이 일부(Minority, 20%) 원인에 기인한다는 경험적 법칙으로, 파레토 원칙이라고도 한다)을 공부에 적용해 최소의 노력으로 최대의 성과를 거두려 하고 있지는 않은지도 살펴봐야 한다. 하루 중 80%의 시간을 공부와 상관없는 잡다한 일에 할애하느라 집중력과 에너지를 허비하며 바쁘게만 지내고 있다면 일상적인 일에 대한 관리 능력을 높이기 위해 우선순위를 정하고 이에 따라 생활하는 것도 학습 능력을 높이는 중요한 과제라고 할 수 있다.

특히 초등학교에서 중학교로, 중학교에서 고등학교로 진학하는 학업의 과도기에는 수업이 늘고, 공부 시간이 달라지며, 생활에 변화가 생기는 등 새로운 상황이 발생한다. 이때 '뛰어난 자기관리 능력을 갖추고 있는가', '올바른 공부 습관과 생활 습관을 갖고 있는가'가 '새로운 환경에 녹아들어 좋은 학습 상태를 유지할 수 있는가'를 결정짓는 중요한 요소가 된다.

3. 학습 방법

자신의 감정을 조절해 안정감과 긍정적인 마음을 가질 수 있을 때, 자신의 에너지와 집중력과 시간 등을 관리할 수 있을 때 비로소 학습 방법을 논할 수 있다.

학습 방법의 중요성은 두말하면 잔소리다. 이를 방증하듯 우리는 학교에 다니기 시작하면서 많든 적든 선생님으로부터 예습은 물론 그때그때 복습해야 한다든지, 소리 내 읽으라든지, 오답 노트를 정리하라든지 등의 말을 듣는다. 이따금 공부 잘하는 친구에게 공부법을 공유받기도 하면서 말이다. 그런데 이러한 방법 중에서 무엇이 효과적이고 무엇이 효과적이지 않은지 생각해본 적 있는가?

이에 대해 정말로 연구를 진행한 심리학자가 있다. 2013년 미국 켄트주립대학교의 심리학과 교수 존 던로스키(John Dunlosky)와 그의 동료들은 다양한 학습 방법에 대한 연구 분석을 진행해 우리가 흔히 효율적이라고 여기며 자주 사용하는 방법들이 실은 매우 비효율적이라는 사실을 입증했다.

그중에서도 중요한 부분에 밑줄 긋기, 반복해 읽기 등이 가장 효율성이 낮은 공부법으로 드러났다. 놀랍지 않은가! 꽤 효율적으로 보였던 방법들이 실제로는 비효율적이라니! 왜일까? 그 이유는 바로 이러한 방법들이 우리를 '익숙함의 착각'이라는 오류에 빠뜨리기 때문인데, 이는 우리 두뇌의 기억 방식과도 연관이 있다.

무언가를 배운다는 것은 관련 정보를 뇌에 저장했다고 끝나는 게 아니다. 이와 정반대로 뇌에 저장했던 정보를 다시 꺼내 쓸 수 있어야 진짜 효과적인 학습을 했다고 볼 수 있다.

예컨대 교과서를 펼쳐 몇 페이지에 무슨 내용이 적혀 있는지, 중요하다고 밑줄을 그어놓고 필기를 해둔 곳은 어디인지 훤히 알 정도로 교과서 내용에 빠삭하다고 생각했다. 그런데 시험문제로만 나오면 답하지 못한다든가 답을 해도 만족스럽지 않다면, 이는 정보를 꺼내 쓰는 능력에 문제가 있다는 뜻이다.

'정보 인출 능력'이 왜 학습 방법의 핵심이라고 할 정도로 그렇게 중요한지는 앞으로 차차 설명할 것이다. 학습에 영향을 미치는 3대 요소를 한 번 더 정리하자면 감정 조절 능력, 자기관리 능력, 그리고 학습 방법이다. 공부는 어떤 학습 방법을 누적해서 되는 것이 아니라 여러 학습 능력을 유기적으로 결합해야 한다. 학습 능력을 층으로 나누어 배열한다면 가장 기본이 되는 밑에는 감정 조절 능력이, 그 위에는 자기관리 능력이, 맨 꼭대기에는 학습 방법이 자리한다.

그런 까닭에서인지 우리는 평소 학교생활에서 흔히 학습 방법을 접하고 또 쉽게 이를 모방하며, 그 밑바탕이 되는 자기 관리 능력과 감정 조절 능력을 소홀히 여긴다. 그러나 물 위에 떠 우리 눈에 보이는 빙산이 그저 일각에 불과하듯 공부 역시 마찬가지다. 아마 우리 대부분은 학업성적이 좋은 친구나 훌륭한 모범생을 보면 '저 친구는 머리가 좋겠지', '공부에 재능이 있나 보네', '분명 남들보다 더 많이 공부할 거야', '뭔가 남다른 공부 방법을 가지고 있겠지' 등등의 생각을 할 것이다. 그러나 그의 공부 방식을 따라 해 그가 공부할 때 나도 공부하고, 그가 쉴 때 나도 쉬고, 그가 문제집을 풀 때 나도 문제집을 풀어봐도 이런 방법들이 딱히 유용하지 않은 데에는 이유가 있다. 바로 학습 능력이라는 빙산 중 물 위로 솟은 가장 윗부분, 즉 학습 방법만 보고 그 아래에 자리한 좀 더 근본적인 요소들을 보지 못하고 있어서다. 누군가에게 적합한 공부 방식이라고 해서 다른 사람에게도 적합하리란 보장이 없는 이유

학습 방법

자기관리 능력

감정 조절 능력

공붓벌레의 빙산 이론

도 여기에 있다.

　요컨대 내가 이 책을 통해 이루고자 하는 목적은 유용한 공부 방법이 무엇인지를 설명하는 데 있기도 하지만, 무엇보다 당신이 수면 아래에 숨겨진 그 거대하고 근본적인 무언가를 찾아내 학습에 필요한 세 가지 요소를 하나의 체계적인 능력으로, 또 효과적인 학습 모듈로 만들도록 돕는 데 있다.

　그런 의미에서 부디 이 책을 통해 당신이 더 열린 마음으로 배움에 대한 호기심을 가질 수 있길 바란다. 성적이 좋은 친구를 보고 '저 친구는 머리가 좋겠지', '잠자는 시간을 줄여가며 공부했을 거야'라는 생각을 하기보다 '그의 올바른 공부법은 무엇일까?', '그는 어떻게 그 방법들을 꾸준히 실천할 수 있는 걸까?', '그의 생활 습관이나 공부 습관에서 내가 참고할 만한 게 있을까?' 하며 상대의 '학습 체계'에서 합리적인 부분을 찾아볼 수 있도록 말이다.

이런 마음가짐으로 다른 사람의 장점을 관찰하며 끊임없이 자신의 학습 체계를 개선해간다면 학업 성과를 높일 수 있음은 물론이고 올바른 생활 습관으로 몸과 마음을 건강히 해 더 큰 발전을 이룰 밑거름이 될 것이다.

Chapter 02

최강 기억력:
머릿속에 넣는다고 다가 아니다

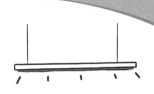

'작은 선생님'의
수업 시간

두뇌
공장

기억

기억 인출 훈련

하버드 재학 시절, 나는 아침 일찍 듣는 수업을 가장 싫어했다. 밤샘을 밥 먹듯 하던 내게 아침 8시부터 수업 듣는 일은 나의 신체리듬에 반하는 일이었기 때문이다.

　하지만 한 과목의 수업만큼은 아침 첫 교시부터 수업이 있어도 절대 빠지지 않고 출석했다. 왜냐고?

　솔직히 말하자면 한 여학생 때문이었다.

　그녀가 처음 강의실에 들어섰을 때의 모습은 지금도 생생하다. 갈색 머리카락에 빛나는 눈을 가진 그녀는 그야말로 분위기 여신이었다. 그녀가 지나가자 책상에 엎드려 졸던 남학생들도 정신을 차리고 일어나 앉았는데, 그 모습이 마치 얼어 있던 겨울 땅을 깨우는 봄의 정령 같았달까……. 그런데 그런 그녀가 수업 첫날 내 옆자리를 선택한 것이었다!

하지만 이후로 그녀는 한동안 수업에 나오지 않았고, 나는 그녀의 빈자리를 보며 왠지 모를 허전함을 느꼈다.

'어디 갔지? 무슨 일이 있나?'

그러던 어느 날 그녀가 돌아왔다! 그녀는 수업에 집중한 듯 미간을 찌푸리며 필기에 여념이 없었다. 나는 그런 그녀를 보며 '사흘만 결석해도 학기 내내 수업 따라가기 버거울 정도로 진도 빠른 수업인데 괜찮으려나' 하는 생각을 했다.

그런데 그날 수업이 끝나고 가방을 챙기던 내게 그녀가 다가와 말을 붙이는 것 아닌가!

"안녕, 쉬안!"

"아…… 안녕!"

나는 더듬거리며 인사를 하고는 이어 말했다.

"한동안 수업에 안 나오는 것 같던데?"

"응! 집에 일이 좀 있어서. 그런데 며칠 빠졌다고 진도가 많이 뒤처진 느낌이네!"

나는 내 노트를 꺼내 건네며 말했다.

"걱정하지 마! 내 노트 빌려줄게!"

그녀는 내게 미소를 보이며 말했다.

"실은…… 너만 괜찮다면…… 오후에 수업 끝나고 내가 밥을 살까 하는데 어때? 놓친 수업 내용도 좀 물어보고."

"그래! 하하!"

사실 당시 내가 뭐라고 대답했는지는 기억나지 않는다. 두

근두근 요동치는 심장 때문에 정신이 하나도 없었기 때문이다. 다만 한 가지 분명한 사실은 내가 아주 빨리 답했다는 것이다.

그녀의 말에 어색한 구석이 있다는 사실도 나중에 다시 생각해보고야 알았다. 그녀나 나나 기숙사생이었는데, 기숙사생은 모두 미리 식비를 내기 때문에 교내 어느 식당에 가서 밥을 먹든 따로 돈 낼 필요가 없었기 때문이다. 다시 말해서 밥을 사고 말고 할 게 없었다는 뜻이다.

하지만 그게 뭐 중요한가? 그녀가 따로 만나자고 청했으니 무조건 만나야지!

그래서 이후 무슨 일이 있었느냐? 그건 나중에 다시 얘기하는 걸로…….

기억의 용도

　기억 얘기가 나와서 말이지만 세상에 좋은 기억력을 갖고 싶어 하지 않는 사람은 없다. 기억력이 좋으면 숙제를 깜빡하는 일도 없을 테고, 툭하면 물건을 잃어버리거나 사람 이름을 잘못 부를 일도 없을 것이며, 시험을 볼 때도 유리할 테니까.

　문제는 우리의 기억력이 나쁘지는 않지만 그렇다고 좋다고 말하기엔 살짝 부족하다는 사실이다. 시험 볼 때 시험지 문제를 보고 어디서 많이 본 듯한 느낌을 받아본 적, 아마 다들 한 번쯤 있을 것이다. 교과서 어디쯤 나왔던 내용인지, 어떤 그림이 달려 있었는지까지 기억이 나는데 하필이면 가장 중요한 부분이 모자이크 처리라도 된 듯 희미하게 느껴지지 않던가? 사실 많은 시간을 들여 준비했고, 복습해야 할 자료를 모두 복습했더라도 시험문제를 보자마자 그 답이 바로 떠오르리라는 보장은 없다. 분명 봤던 내용인 건 알겠는데 구체적인 기억은 또 없는 상황의 그 느낌이란 정말이지 사람을 미치게 만든다.

그렇다면 우리가 어떻게 해야 '좋은' 기억력 그리고 '필요할 때 꺼내 쓸 수 있는' 기억력을 가질 수 있을까?

이 답을 찾으려면 먼저 기억의 용도에 대해 알아야 한다.

처음으로 흰쥐를 미로에 풀어놓고 치즈를 찾게 하면 흰쥐는 좌우를 오가며 길을 탐색한다. 막다른 길목으로 접어들었다가 다시 돌아 나오기도 하면서 그렇게 한참을 헤매고야 치즈를 찾아낸다. 이후 흰쥐를 다시 같은 미로에 풀어놓아도 녀석은 이리저리 돌아다니며 길을 탐색한다. 그러나 치즈를 찾아내는 시간은 이전보다 빨라진다. 물론 세 번째에는 치즈를 찾는 데 걸리는 시간이 더욱 단축된다. 그리고 이렇게 열 번 이상을 반복한 후에는 미로와 치즈의 위치가 변함없는 한 실수 없이 빠른 속도로 치즈를 찾아낸다.

바로 기억에 의존해서 말이다.

우리의 조상들도 기억에 기대어 어디로 가야 맛있는 열매를 따고 사나운 들짐승을 피할 수 있는지 등의 정보를 얻었으며, 집으로 돌아가는 길을 찾았다. 요컨대 두뇌가 가진 기억이라는 기능은 우리의 생존을 돕는다.

여기서 문제가 생긴다! 현재 학교에서 가르치는 지식은 대부분 생존과 직결되지 않기 때문이다. 이는 시험을 보느라 억지로 외워두었던 지식이 답안지 제출과 동시에 우리의 머릿속에서 삭제되는 이유이기도 하다. 다시 말해서 일상생활에서 '쓸 일 없는' 지식은 빨리 잊히고, 생사가 걸린 일은 좀처럼 잊히지 않는다는 뜻이다.

그렇다면 어떻게 해야 이런 기억을 머리에 담아 쉽게 잊히지 않는 기억으로 만들 수 있을까? 그럼 기억이 우리 머릿속에서 어떻게 형성되는지부터 알아보자.

기억 형성의 3단계

혹시 이런 경험이 있는지 모르겠다. 수업 시간에 선생님이 지문을 암기해볼 학생을 호명하기 시작하자 그제야 지문 암기 숙제가 있었던 것을 깨닫고는 제발 내 이름이 불리지 않게 해달라며 초조히 기도해봤던 경험 말이다.

하지만 머피의 법칙은 어김없이 들어맞아 결국 이름이 불리고, "아무개가 다음 단락 외워보자" 하는 선생님의 말씀에 재빨리 지문을 살피며 꾸물꾸물 자리에서 일어났는데, 급히 훑은 그 두세 구절이 정말로 외워지지 않았던가!

이것이 바로 단기기억이다. 단기기억은 임시 저장되었다가 사라지는 기억으로, 빨리 무언가를 기억할 수 있게 해주지만 그만큼 빨리 잊어버리기도 한다. 예컨대 방금 선생님이 읽은 지문이라든지 동영상에서 본 댓글 자막, 길에서 사람들이 스처 지나가며 한 말소리 등은 모두 단기기억에 속한다.

이에 상대되는 것을 장기기억이라고 하는데, 우리가 일반적으로 기억이라고 생각하는 것이 바로 이 장기기억이다. 어떻게 해야 정보를 단기기억에서 장기기억으로 만들 수 있는지는 우리의 학습 포인트이기도 하다.

물론 과학자들은 작업기억·감각기억·즉각기억 등 기억의 분류를 다양하게 세분화하고 있지만, 우리가 주로 다룰 기억은 학습과 관련한 기억이니 여기에서 다른 설명은 생략하겠다.

뇌에 정보를 기록할 때, 우리는 부호화 – 저장 – 인출이라는 세 가지 기록의 단계를 거친다.

여기서 부호화란 보고, 듣고, 다양한 감각기관을 통해 받아들인 정보를 뇌에 저장 가능한 정보로 전환하는 일을 말한다. 우리는 시각, 청각, 촉각, 심지어 스토리텔링 등 다양한 방식

부호화   저장   인출

기억 형성의 3단계

을 활용해 부호화를 진행할 수 있는데 이렇게 정보를 부호화 하고 나면 '저장' 단계에 돌입해 뇌가 해당 정보들을 기억할 수 있게 된다.

그럼 그 정보들이 어떻게 저장되느냐? 하나씩 순서에 따라 정렬되는 것이 아니라 마치 산탄을 쏜 듯 우리의 뇌신경 곳곳 에 박힌다.

그런 까닭에 우리가 어떤 일을 다시 생각해내려면 모든 뇌 신경이 곳곳에 흩어진 정보를 찾아 재구성하는 과정을 거쳐 야 한다. 이것이 기억에서 가장 중요한 세 번째 단계, 인출에 해당한다.

그렇다면 어떻게 해야 기억을 더 오래 저장하고, 또 단기기 억을 장기기억으로 더 쉽게 전환할 수 있을까?

우리의 뇌가 어떤 기억을 선호하는지를 알면 그 해답을 찾 을 수 있다. 한 연구 결과에 따르면 뇌는 이미지가 있고 이야 기가 있는 것을 하나의 덩어리로 기억하는 방식을 선호한다. 여기에 여러 '연상 포인트'가 존재한다면 더 쉽게 정보를 기 억할 수 있다.

두뇌력 테스트

자, 그럼 1분 동안 다음 단어들을 되는대로 기억해두었다가 이를 종이에 적어보자.

준비됐다면 타이머 시작!

원숭이	참고서	풀
열쇠	인장	흰머리독수리
명함	현미경	낙하산
사자	기린	컴퓨터
금고	국기	트로피

단어를 적어 15개 다 맞췄다면 기억력이 아주 좋거나 나름의 암기 기술이 있는 경우라고 할 만하다. 정답이 10개 이상

15개 미만이어도 기억력이 좋은 편으로 간주할 수 있으며, 10개 이내면 보통이라고 할 수 있다. 한편 정답이 7개 미만이면 소란한 환경에 있었거나 제대로 집중하지 않은 경우일 것이다.

나도 처음 이 연습을 했을 때는 10개를 정확하게 기억하기도 어려웠다. 그러나 방법을 바꾸자 모든 단어를 쉽게 기억할 수 있었다.

1. 단어로 이야기를 엮어 장면을 만드는 이미지 기억법

사자 한 마리가 달려와 원숭이에게 명함을 건네자 원숭이는 들고 있던 열쇠를 사자에게 건넸다. 그러자 사자는 이 열쇠로 금고를 열어 그 안에 있던 귀한 참고서 한 권을 꺼냈다. 책을 펼치자 그 위에 찍힌 붉은 인장이 눈에 띄었다. 사자는 그 진위를 확인하기 위해 동료 기린을 찾아갔고, 기린은 현미경으로 인장을 들여다보았다. 확인을 마친 기린이 사자에게 돌아오려는데 그의 목에 국기가 감기고 말았다. 그런데 하필이면 국기에는 풀이 잔뜩 묻어 있어 기린의 털에 찰싹 달라붙었고 이에 기린은 숨을 쉬지 못할 지경이었다. 기린은 다급히 친구 흰머리독수리에게 구조 요청을 보냈다. 흰머리독수리는 낙하산을 타고 내려와 기린을 구해주었다. 이후 다른 동물에게 촬영된 당시의 영상이 인터넷상에 공개되었고, 컴퓨터를 통해 영상을 접한 사람들은 흰머리독수리를 영웅이라 칭송하며 그에게 트로피를 수여했다.

이번에는 이 이야기를 떠올리며 단어를 몇 개나 기억했는지 확인해보자.

우리의 두뇌는 이미지 메모리를 선호한다. 특히 장면을 가진 강렬한 이야기를 좋아하며 서사에 대한 기억력이 강하다. 이는 아직 문자 기록이 없던 선조들의 시대에 모든 경험을 구전으로 이어 내려오던 것과 연관이 깊다. 따라서 무언가를 기억할 때 장면을 구성해 강렬하고 농염한 색채를 더하면 더 쉽게 기억할 수 있다.

마찬가지로 원래 아무 상관 없는 두 사물에 관계를 설정해 원인과 결과가 있는 이야기로 만들면 기억하기가 더 쉬워진다. 열쇠를 들고 있는 원숭이, 명함을 가진 사자, 금고 안에 놓인 참고서 등과 같이 말이다.

그러니 좀처럼 기억하기 어려운 지식이 있다면 그것을 이미지화해 자신만의 이야기로 만들어보라. 엉뚱하고 이상해도,

또 몽환적이어도 괜찮다. 기존의 암기법을 활용할 때보다 조금만 더 시간을 들이면 이야기를 상상하는 과정에서 기억력을 대폭 끌어올려 시험과 같이 필요한 순간에 유용하게 써먹을 수 있다.

2. 단위 기억법

공부하다 보면 영단어나 역사 연도, 인명, 지명, 심지어 사소한 숫자까지 기억해야 할 것이 참 많다. 그런 까닭에 학생 대부분은 입으로 쉴 새 없이 단어를 중얼거리며 외우기를 반복한다. 그러나 기억하는 것도 그때뿐이고 또 금세 잊어버리고 만다. 이를 어쩌면 좋을까?

우리의 두뇌를 컴퓨터에 비유하자면 단기기억은 속도가 빠르지만, 용량에 제한이 있는 메모리(RAM)와 같다. 예컨대 6, 7, 0, 5, 2, 8, 4, 7, 3, 9, 3, 8이라는 이 긴 숫자를 소리 내어 빠르게 반복해 읽으면서 외운다면 과연 몇 개나 기억할 수 있을까?

관련 연구 결과에 따르면 보통 사람들은 7±2개의 숫자를 기억했다고 한다. 그렇다면 이 숫자를 6705, 2847, 3938로 나누면 어떨까? 더 쉽게 기억할 수 있지 않을까?

아마 똑똑한 당신이라면 이미 이 방법을 사용해봤을지 모르겠다. 평소 우리가 전화번호를 외울 때도 사용하는 방법이니까. 사실, 우리의 두뇌는 이렇게 단위화한 정보 또는 그룹화한 정보를 선호한다. 우리가 12개의 숫자를 세 그룹으로 나누면 뇌의 용량이 7±2임에는 변함이 없어도 한결 수월하게 기억할 수 있다는 뜻이다.

다음과 같은 18개의 알파벳을 외워야 한다고 가정했을 때도 마찬가지다.

A, I, C, Z, Y, X, I, B, F, C, B, A, G, O, D, T, A, C

보기만 해도 머리가 아픈데 이걸 어떻게 외우나 걱정이 앞서겠지만 방법을 바꾸면 얘기가 달라진다.

CAT, DOG, ABC, FBI, XYZ, CIA

똑같은 알파벳이라도 재조합을 하고 나니 기억하기가 한결 수월하지 않은가?

이를 더 간략하게 정리하자면 CAT, DOG(고양이와 개), ABC, XYZ(알파벳의 시작과 끝부분), FBI, CIA(미국의 정보기관)로도 그룹화할 수 있다.

이렇게 서로 전혀 연관이 없던 18개의 알파벳(18개의 기억 단위)을 6개의 단위로 축약하고, 이를 다시 3개의 단위로 축약했듯 배열 조합을 통해 기존의 데이터를 비교적 간단한 기억 단위로 정리하는 일을 청킹(Chunking, '덩이짓기'라고도 한다)이라고 한다.

이러한 방법은 평소 영단어를 외울 때도 매우 유용하다. 필리핀(Philippines)이라는 단어를 예로 들어보자. 이 단어에 L이나 P가 몇 개나 들어가는지는 나도 자주 헷갈리는 부분인데, 바로 이럴 때 단위화 방식을 활용해볼 수 있다. 즉, Philippines을 Phi-lip-pines로 나누어보는 것이다. 이렇게 하면 세 부분이 의미상으로는 별 연관이 없더라도 각각의 부분을 기억하기가 한결 수월해진다(lip은 입술, pines는 나무의 일종이므로). 단순히 단어의 구획을 나누는 작업만으로도 단어 외우기가 훨씬 쉬워진다는 뜻이다.

그렇다면 앞서 이미지 기억법을 설명하며 언급했던 단어들을 다시 생각해보자. 이를 단위화 방식으로 기억하려면 어떻게 해야 할까?

아래처럼 같은 카테고리에 속하는 것을 한데 묶어볼 수 있다.

원숭이, 사자, 기린, 흰머리독수리: 아프리카에 서식하는 동물들
인장, 열쇠, 금고: 은행과 연관된 물건들
명함, 풀, 참고서, 현미경, 컴퓨터: 서재 용품들

그리고 분류가 안 되는 낙하산, 트로피, 국기를 한데 묶어 '나라를 빛낸 물건'이라고 이름 짓고 '낙하산 요원이 트로피

와 국기를 거머쥐어 나라를 빛냈다'라는 이야기를 덧붙여보
는 것이다.

물론 자신만의 분류법으로 다음과 같은 목록을 만들어도
좋다.

나라를 빛낸 물건 3	은행 3	아프리카 동물 4	서재 용품 5
· 낙하산	· 인장	· 원숭이	· 명함
· 트로피	· 열쇠	· 사자	· 풀
· 국기	· 금고	· 기린	· 참고서
		· 흰머리독수리	· 현미경
			· 컴퓨터

이렇게 분류법으로 목록을 재구성하면 우리 두뇌는 각각의
카테고리를 기억하게 되는데, 여기서 숫자는 일종의 힌트 역
할을 한다.

'아프리카 동물이라는 카테고리에 네 종류의 동물이 있었
는데 뭐였지?'

'기린, 사자, 원숭이 그리고 뭐였더라?'

'총 네 종류였는데?'

'아! 흰머리독수리였지!'

이런 식으로 순조롭게 세부 내용을 기억해낼 수 있다.

3. 줄임말과 언어유희

일련의 데이터를 하나의 단어나 기억하기 쉬운 한 문장으로 만드는 방법도 있다.

예컨대 임진왜란처럼 한국 역사에 굵직한 사건이 발생한 연도를 암기해야 한다고 가정했을 때, 약간의 재치를 발휘해 언어유희를 활용해보는 것이다. 임진왜란이 일어난 연도는 1592년이니까 '전쟁이 났는데 일오구 이쓸 때가 아니지' 하는 식으로 숫자(1592)와 비슷한 발음의 문장을 만들면 더는 임진왜란이 발생한 연도를 잊어버릴 일이 없다.

또 다른 예로 각 데이터의 첫 글자를 따 줄임말을 만드는 방법이 있다. 심리학에서는 인간의 성격적 특성을 다섯 가지 면으로 분석할 수 있다고 본다. 바로 경험에 대한 열린 자세(Openness), 성실성(Conscientiousness), 외향성(Extroversion), 친화성(Agreeableness), 정서 안정성(Neuroticism)이 그것인데 이를 암기해야 한다고 생각해보라. 얼마나 어렵겠는가! 하지만 각 단어의 첫 알파벳을 따면 공교롭게도 OCEAN(바다)이라는 줄임말을 만들 수 있고, 이 단어 하나만 암기해두면 각 알파벳에 상응하는 고유명사를 기억해낼 수 있다.

줄임말과 언어유희의 개념은 일맥상통한다. 즉, 복잡한 정보를 기억하기 쉽게 간단한 단어나 문장으로 만드는 것이다. 물론 매번 언어유희를 활용하고 완벽한 줄임말을 만들기란 어려울 것이다. 그러나 그렇게 시도하는 것만으로도 기억을 강화할 수 있다.

4. 기억의 궁전

우리의 뇌는 연상 방식으로 기억을 저장한다. 따라서 이러한 특징을 잘 활용하면 더 많은 정보를 기억할 수 있다.

세계적으로 내로라하는 기억력 고수들도 연상법을 활용한 기억법을 사용한다. 기억하고자 하는 것을 자신에게 익숙한 공간과 연결해 생각하는 이 기억법을 '기억의 궁전'이라고 부른다. 예컨대 스포츠카, 이어폰, 치타, 베트맨 등등 많은 단어를 외워야 한다면 집으로 돌아가 현관 앞에 스포츠카를 세우고 집 안으로 들어가는 상상을 해보는 것이다. 신발장 위에 이어폰을 놓고, 거실로 들어가니 소파에 치타가 누워 있고, TV에서는 배트맨이 방영 중이고…….

이렇게 머릿속으로 집 안을 돌며 기억해야 할 것들을 집 안 곳곳에 끼워 넣었다가 나중에 필요할 때 다시 이 길을 따라가며 놓아두었던 것들을 회수하는 방법을 사용하면 더 많은 것을 기억할 수 있다!

5. '점, 선, 면' 기억법

앞서 언급한 예시는 모두 단순한 기억법으로, 기억해야 할 정보가 상대적으로 독립적인 편이다. 그러나 우리가 학교에서 배우는 지식은 결코 독립적이지 않다. 이들은 하나의 커다란 교육 체계 안에 존재하며 대량일뿐더러 서로 연관되어 있기도 하다. 그렇다면 어떻게 해야 그 방대한 지식을 분류하여 우리의 지식 체계에 입력할 수 있을까?

그 답은 바로 점들로 이루어진 지식을 연결하는 연상에 있다. 하나의 지식점을 다른 지식점에 연결해 계속 그 가지를 뻗어 나아가다 보면 전반적인 지식 체계를 이룰 수 있는데, 나는 이런 기억법을 '점, 선, 면' 기억법이라고 부른다.

예컨대 '남아메리카의 아마존 분지(Amazon Basin)는 세계에서 가장 크고, 가장 많은 종이 분포하고 있는 열대우림이다'라는 정보는 하나의 지식점이다. 이 지식점에서 출발해 '열대우림기후에서 서식하는 가장 대표적인 종은 뭘까?', '면적이 넓다는데 아마존 분지에 걸쳐 있는 나라는 어디일까?', '가장 많은 종이 분포한다면 그중 가장 유명한 종은 무엇일까?'라고 한 발짝 더 나아가 생각해보는 것, 이게 바로 '지식점'에서 '지식선'을 만들어가는 과정이다.

여기서 멈추지 않고 '그런 기후적 특징과 종의 특징이 있다면 관련 국가의 국민경제를 떠받치는 버팀목은 무엇일까? 그들만의 독특한 문화와 풍습에는 어떤 것들이 있을까? 아마존 열대우림을 남벌한다면 전 세계 기후에는 어떤 영향을 미칠까?'라는 생각을 펼쳐 나아가면 지식면이 된다.

이쯤 되면 전반적인 지식 체계가 잡히는데, 이렇게 하나의 지식점에서 전반적인 지식 체계를 세우면 그 기억은 잘 잊히지 않는다.

이러한 '점, 선, 면' 기억법이 특히 중요한 시기는 고등학교 그리고 대학교 때다. 이때부터는 시험도 단순한 사지선다나 OX 문제에서 벗어나 단일한 지식이 아닌 문제의 맥락을 파악하느냐를 알아보는 시험으로 바뀌기 때문이다. 따라서 무언가를 죽어라 외우기만 하는 방식으로 문제를 해결하려 하기보다는 지식의 구조를 파악하는 방법을 배우고, 나아가 이를 활용해야 한다.

에빙하우스의 망각곡선

앞서 언급했듯 두뇌에 정보를 기록할 때는 부호화, 저장, 인출이라는 3단계를 거친다. 이 중에서 부호화와 저장이 두뇌에 정보를 '담는' 과정이라면 인출은 말 그대로 정보를 '꺼내 쓰는' 작업을 뜻한다. 교과서 내용을 토씨 하나 빠뜨리지 않고 외우는 것처럼 말이다. 그런데 왜 인출도 '정보 기록'의 일부라고 보는 걸까?

이를 설명하려면 기억의 망각현상이라는 것부터 알아볼 필요가 있다. 망각은 학습 과정에서 가장 흔히 일어나는 현상이다. 많은 시간을 들여 공부했지만, 막상 시험장에 들어서자 머리가 텅 빈 듯 아무것도 생각나지 않던 경험, 다들 한 번쯤 있지 않은가!

100여 년 전 '우리가 무언가를 암기하고 얼마의 시간이 지나야 그 기억을 잊어버릴까?'라는 의문을 가지고 연구를 진행한 사람이 있었다. 그 주인공은 바로 독일의 심리학자 헤르만 에빙하우스(Hermann Ebbinghaus)다. 그는 과학적인 방법으로 망각의 법칙을 알아내고자, 여러 음절로 이루어졌지만 실질적인 의미는 없는 2,000여 개의 부호를 만들어 이를 암기하기 시작했다. 그러고는 시간 차를 두어 자신이 얼마만큼 기억하고 있는지를 확인했다.

그렇게 장기간의 연구로 데이터화한 끝에 그는 망각의 비율에 나름대로 규칙이 있음을 발견했다. 공부한 지 한 시간이 지나면 약 50%의 내용을 잊어버렸고, 하루가 지나면 70% 상당을 잊어버렸던 것이다! 그러나 나머지 30%는 망각의 속도가 더딘 편이었다. 그는 시간이 지날수록 망각의 비율이 곡선형으로 낮아진다는 사실을 깨닫고, 이를 근거로 그래프를 그렸는데 이것이 바로 그 유명한 '에빙하우스의 망각곡선'이다.

에빙하우스의 망각곡선은 이후 심리학자들이 '학습'과 '망각'에 대한 연구를 진행하는 데에도 매우 중요한 도구가 되었다.

이 밖에도 에빙하우스는 학습 후 정기적으로 복습하면 학습한 내용을 잊어버리는 속도가 느려진다는 사실을 발견했다. 즉, 망각곡선이 갈수록 평평해진 것이다. 망각의 속도가 느려지면 복습 간격을 늘려 한두 달에 한 번 복습해도 학습한 내용을 대부분 기억할 수 있었다.

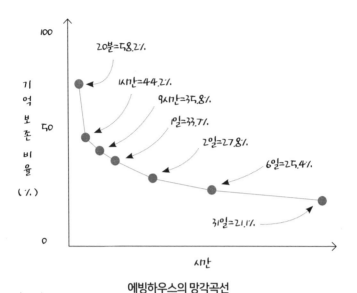

에빙하우스의 망각곡선

이렇듯 공부한 내용을 잊어버리기 전에 다시 암기하면 망각의 속도를 늦춰 더 오랫동안 기억할 수 있으니, 다음의 시간 간격을 참고해 복습 계획을 세워보길 추천한다.

학습 당일: 첫 번째 복습

학습 2일 후: 두 번째 복습

학습 3일 후: 세 번째 복습

학습 1주 후: 네 번째 복습

학습 2주 후: 다섯 번째 복습

학습 1개월 후: 여섯 번째 복습

망각곡선에 대항하는 방법: 시간 차 인출

시간 간격을 두고 복습할 때도 방법에 신경 써야 하는데, 가장 효과적인 방법은 바로 시간 간격을 두고 기억한 지식을 꺼내어 보는 시간 차 인출법을 활용하는 것이다. 여기에 무슨 차이가 있느냐?

노트 필기나 교과서를 꺼내 다시 훑어보는 방법은 비교적 수동적인 복습법이라고 할 수 있다. 그러나 인출은 노트 필기나 교과서를 보지 않고 일단 기억을 떠올려보려는 적극적인 시도다. 기억이 모호하더라도 먼저 열심히 생각해보고 도무지 생각나지 않을 때 다시 필기한 내용이나 교과서를 살펴보는 것이다.

교육 전문가들은 "우리가 어떤 기억을 끄집어내려 할 때 그 과정 자체가 두뇌의 힘을 키워주며, 이러한 힘은 기억력 향상에 도움을 준다"고 말한다. 웨이트 트레이닝이 근육을 튼튼하게 만들어주는 것처럼 말이다.

우리가 망각의 끝에서 기억을 되찾기 위해 노력하면 그 과정 또한 쉽게 잊히지 않는 기억으로 자리한다. 그런 의미에서 나는 정기적으로 시간 차 인출법을 활용해 자가 점검을 하는 것이야말로 효과적인 기억법이라고 생각한다.

단어 카드를 활용해
대량의 영단어를 외우는 법

영어를 배울 때 사람들은 대개 영단어 외우기를 부담스러워한다. 그러나 시간 차 인출과 단어 카드를 활용해 대량의 영단어를 암기해 오랫동안 기억하는 방법이 있다.

먼저 종이로 카드 한 묶음을 만들어 각 카드에 영단어를 적은 다음 그 뒷면에 단어 뜻을 적어보자. 그리고 상자 4개를 준비해 각각 '1일', '3일', '1주', '2주'라고 라벨링을 하자.

여기까지 준비를 마쳤다면 모든 카드를 '1일' 상자에 넣고, 한 장씩 카드를 꺼내 앞면의 단어를 보며 그 뜻을 생각해보는 것이다.

이때 답을 맞혔다면 '3일' 상자에 카드를 넣고, 답을 맞히지 못했거나 답이 생각나지 않았다면 다시 '1일' 상자에 카드를 돌려놓는다.

이렇게 매일 조금씩 시간을 내어 '1일' 상자에 들어 있는 카드로 자신을 시험해보고 시험에 통과하면 다음 상자로 카드를 옮기고, 통과하지 못하면 '1일' 상자로 돌려놓기를 반복한다.

그리고 3일에 한 번씩 '3일' 상자에서도 카드를 뽑아 자신을 시험해보는 것이다. 이때 답을 맞힌 것은 '1주' 상자로, 답을 틀리거나 잊어버린 것은 '1일' 상자로 돌려놓는다.

요컨대 상자에 라벨링해놓은 시간 간격에 따라 복습을 진행해 '1일' 상자의 카드를 '3일' 상자로, '3일' 상자의 카드를 '1주' 상자로, '1주' 상자의 카드를 다시 '2주' 상자로 옮기기만 하면 된다.

카드를 모두 '2주' 상자로 옮겼다면 기본적으로 그 단어들에 대한 기억이 단단해져 있을 것이다. 이는 시간이 많이 드는 것 같아도 실은 상당히 효과적인 방법인데, 관용어나 복잡한 고유명사를 암기할 때도 유용하다.

흥미로운 기억력 테스트

20세기 초 영국 런던의 발라드(Ballard)라는 연구자가 기억력 테스트를 진행한 적이 있다. 아이들의 성적이 신통치 않은 이유를 알아보고자 진행한 테스트였다.

그는 먼저 암기의 효과를 알아보기 위해 아이들에게 5분 동안 시 한 수를 외우게 한 뒤 시험을 치렀고, 결과는 지극히 정상적이었다. 기억한 내용도, 잊어버린 내용도 있었다.

그리고 이틀 후 그는 학습 효과를 기록하고자 다시 한 번 아이들을 모아 테스트했다가 뜻밖의 발견을 했다. 에빙하우스의 망각곡선에 따르면 아이들은 더 많은 내용을 잊어버렸어야 했지만, 어찌 된 영문인지 아이들의 성적이 전보다 평균 10% 높게 나온 것이다!

이뿐만이 아니었다. 며칠이 지나고 또다시 치른 시험에서는 몇몇 아이의 성적이 급상승하는 결과가 나왔다. 그들은 신기하게도 첫 시험 때 잊어버렸던 내용을 기억해내, 몇 행밖에 외우지 못하던 시를 10여 행 이상 기억해냈다. 이게 대체 어떻게 된 일일까?

당시 이 실험은 주류 심리학계의 주목을 받지 못했다. 그러다 20세기 중엽에 이르러서야 비로소 관련 연구가 재개되었고, 그 결과 에빙하우스와 발라드의 실험 결과가 모두 옳다는 사실이 밝혀졌다. 어떻게 이런 결론이 나왔는지 의아하지 않은가?

그런데 사실 에빙하우스와 발라드가 밝혀낸 것은 뇌가 무언가를 기억할 때 나타나는 서로 다른 현상이다. 연구 당시 에빙하우스가 만들어냈던 실질적인 의미가 없는 부호나 무작위의 숫자, 단어 등은 확실히 암기하고 시간이 지날수록 잊어버리는 내용이 많았다.

그러나 이미지가 있거나 이야기가 있거나 혹은 시청각을 모두 만족하는 입체적인 학습 자료를 활용한 경우, 시간이 지날수록 더 많은 내용을 기억해내 기억의 정점에 이른 후 다시 기억력이 떨어지며 하향 곡선을 나타냈던 것이다.

연구자들은 발라드의 실험에서 매우 중요한 사실 한 가지를 추가로 발견해내기도 했다. 그것은 바로 발라드가 시험이라는 방식을 통해 학습 효과를 점검함으로써 아이들에게 기억을 '인출'하게끔 유도하였으며, 이것이 아이들의 기억력을 한층 강화하는 효과를 가져왔다는 사실이다.

연구자들은 에빙하우스와 발라드가 열어놓은 이 두 갈래의 길을 따라 오늘날까지도 잘 알려져 있고, 또 가장 널리 받아들여지고 있는 이른바 '바람직한 어려움(Desirable Difficulty)' 이론을 밝혀냈다.

이 이론은 모든 기억이 저장 능력과 인출 능력 이렇게 두 가지에 따라 달라질 수 있다고 본다. 저장 능력은 뇌에 정보를 저장하는 능력을 일컬으며, 인출 능력은 정보를 다시 기억해내는 능력을 말한다.

그런데 여기서 흥미로운 점은 이 두 능력이 서로 역의 상관관계를 나타낸다는 사실이다. 즉 힘들이지 않고 쉽게 저장한 기억일수록 인출이 어려워지고, 힘들게 저장한 기억일수록 상대적으로 쉽게 인출된다는 뜻이다.

예컨대 수학 공식을 익히려고 교과서의 주요 내용에 밑줄을 긋고, 그 문장만 봐도 다음 문장이 무엇인지 알아차릴 수 있을 정도로 여러 번 반복해 읽었지만, 시험 때 그 공식을 적용해 문제를 풀려고 하니 막막한 기분이 들었던 이유가 여기에 있다. 수업 시간에 선생님 말씀을 놓치지 않고 노트 한가득 필기를 열심히 했지만, 수업을 마치고 그 내용을 묻는 친구의 말에 술술 대답할 수 없었던 이유도 마찬가지다.

왜냐? 열심히 하는 것처럼 보여도 이렇게 개념 확립 없이 이뤄지는 공부는 생각하는 만큼 그리 효과적이지 못하기 때문이다. 다시 말해서 이런 방식의 '저장'은 우리 뇌에 식은 죽 먹기라 '인출'하는 데 어려움이 있다는 얘기다.

이는 앞서 언급했듯 중요한 부분에 밑줄 긋기, 반복해 읽기 등 일반적으로 효과적이라 생각하는 학습법이 실은 비효율적 이라고 밝혀진 이유이기도 하다. 이런 작업을 하는 데에는 두 뇌의 힘이 그리 많이 들지 않기 때문이다.

공부에 '바람직한 어려움' 더하기

암기 효과를 높여 학습 능률을 끌어올리고 싶다면 공부에 '바람직한 어려움'을 더해야 한다.

1. 시간적 어려움을 더한다

그동안 시험을 목전에 두고 집중해서 공부하는 스타일이었다거나 책을 한두 번 보고 덮는 스타일이었다면, 혹은 뒷부분을 배웠다고 앞부분을 복습하지 않는 스타일이었다면 에빙하우스의 망각곡선에 따라 배운 지 얼마 안 돼 까먹기 일쑤였을 것이다.

그러니 시간 차 학습법을 활용해 공부 시간을 분산해보라. 원래 밤을 새워가며 벼락치기로 복습해왔다면 이를 며칠에 나눠서 해보고, 복습할 때마다 이전에 공부한 내용을 빠르게 되짚어보는 것이다.

물론 이런 과정이 귀찮게 느껴지기도 하고 또 어쩌면 하기 싫다는 마음이 들 수도 있다. 그러나 단언컨대 학습 효과만큼은 정말 확실하게 높일 수 있다.

2. 스스로 난도를 만든다

배운 지식을 자신만의 언어나 생각 등으로 다시 정리하는 방법을 통해 학습의 난도를 높이라는 뜻이다.

예를 들어 수업 중에 필기할 내용이 있다면 수업을 들으면서 바로 필기할 것이 아니라 수업이 끝나고, 혹은 두세 시간 간격을 두고 다시 수업 내용을 되짚으며 노트를 정리해보는 것이다. 생각나지 않는 부분은 친구나 선생님께 질문해 보충하는 식으로 말이다. 그러면 해당 수업에 대한 이해도를 크게 높일 수 있다.

실제로 남을 가르친다는 생각으로 자신이 배운 내용을 설명하는 방식으로도 공부할 수 있다. 이 과정에서 막히는 부분이나 설명하기 어려운 부분이 있다면, 이는 당신이 그 내용을 완전히 자신의 것으로 만들지 못했다는 뜻이다. 자신만의 언어로 분명하게 설명할 수 있을 때, 그래서 남도 이해시킬 수 있을 때 그 지식은 당신의 지식 체계에 굳건히 자리를 잡아 쉽게 잊히지 않는 기억이 된다.

3. 교차 학습을 한다

과목을 바꿔가며 공부하거나 같은 과목의 단원을 달리하며 공부해보는 것이다. A 과목을 45분간 공부했다면, 이후 과목을 바꿔 B 과목을 45분간 공부하고, 다시 C 과목을 45분간 공부하는 식으로 말이다. 이렇게 교차 학습을 하면 A 과목만 쭉 이어서 공부할 때보다 훨씬 좋은 효과를 볼 수 있다.

과목 변경으로 시간 간격이 생기기 때문이기도 하지만 자이가르닉 효과(Zeigarnik Effect, 6장에서 자세히 다룰 예정이다)로 이미 끝마친 일보다 아직 매듭짓지 못한 일에 대한 기억이 더 오래 남으면서 교차 학습이 기억력 강화라는 가외의 효과를 가져다주기 때문이다.

4. 인출 테스트를 한다

점검 방식을 통해 자신이 지식점을 기억해낼 수 있는지를 살펴보는 것이다. 이는 매우 중요한 학습법이자 기억 저장법이기도 하다.

시험은 분명 기억을 꺼내 쓰는 작업인데, 어째서 기억 저장법이기도 하다고 말하느냐? 관련 연구 결과에 따르면 기억 인출이 바구니에서 사과를 꺼낼 때처럼 사과는 사과, 바구니는 바구니로 분리되는 것이 아니라 인출 행위와 사과, 바구니가 하나의 새로운 기억 회로를 만들어내기 때문이다.

인출 행위는 진흙땅을 다시 걷는 것과 같아서 우리가 길을 따라 인출이라는 발걸음을 내딛는 족족 기억의 발자국이 남는다. 그러나 이 길을 오랫동안 다시 찾지 않으면 잡초가 무성하게 자라나기도 하고, 또 큰비가 내려 기억의 흔적이 사라지기도 한다.

그런데 흥미로운 점은 시험 때 깜빡했던 지식이나 오랫동안 생각나지 않던, 비밀번호처럼 뇌에서 인출하기 어려웠던 정보들을 한참의 시간을 들여 깨달은 후 다시 기억해두면 놀랍도록 잊기 어려운 기억이 된다는 사실이다.

자, 그럼 선생님이 학생들에게 왜 오답 노트를 작성하라고 하는지 알겠는가? 그렇다. 지식을 학습하는 과정에서 발생하는 맹점을 잡아내고, 틀린 것을 바로잡아 다시 기억하는 방식을 통해 해당 지식을 확실하게 익힐 수 있어서다.

그런 의미에서 시험 역시 매우 훌륭한 '인출 테스트'라고 할 수 있다. 물론 시험이라는 말만 들어도 복습에, 성적 비교에, 부모님으로부터의 압박까지 온갖 걱정으로 두통을 느낄 학생이 많을 것이다. 하지만 지식 습득이라는 차원에서 보면 이전에 배운 내용을 복습해야 하고, 또 머리를 짜내어 지식을 찾아야 하는 시험은 우리의 장기기억을 증진하는 중요한 방법임에 틀림없다. 평소 자주 치르는 쪽지 시험이나 암기 숙제도 마찬가지다.

물론 시험에 임하는 당신의 심정이 어떨지 이해한다. 하지만 이제는 '바람직한 어려움' 이론에 대해서도 배웠으니, 시험을 '기억 인출 훈련'으로 간주해보는 건 어떨까? 그 모든 과정이 곧 끊임없이 정보를 꺼내 씀으로써 지식에 대한 이해도를 높이는 훈련이라고 생각해보는 것이다.

공부에 좀 더 욕심이 있는 사람이라면 정규 시험 외에도 정기적으로 문제집을 풀거나, 친구에게 교과서 내용을 설명해주거나(함께해줄 친구가 없다면 반려동물이나 화초에 대고 설명해도 좋다), 자신만의 강의안을 작성해보는 등의 '기억 인출 훈련'을 해보길 추천한다. 학습 효과를 높이고 기억력을 증진하는 데는 더없이 좋은 방법이니까.

자, 그럼 아직 기억하고 있는지는 모르겠지만 이 장을 시작하면서 했던 이야기로 다시 돌아가자. 당시 그 예쁜 여학생은 내게 저녁 식사를 함께하자 청했고 나는 약간의 호기심과 두근거리는 마음을 안고 약속 장소로 향했다.

먼저 도착한 내가 식당에 자리를 잡자 그녀도 곧 도착했다. 나는 부랴부랴 가방을 열어 그녀에게 노트를 건넸고, 그녀는 이를 힐끗하더니 이내 옅은 미소를 보이며 말했다.

"급하지 않으니까 노트는 일단 넣어두고 우리 밥부터 먹자!"

수프를 먹으며 그녀는 내게 말했다.

"쉬안! 혹시 지난주에 교수님이 했던 수업 내용 좀 설명해 줄 수 있을까? 해주라!"

'나더러 선생님이 되라고?'

당시 나는 잠시 멍해졌지만 이내 정신을 차리고 이렇게 대답했다.

"OK! 한번 해보지, 뭐!"

나는 노트를 펼쳐 당시 교수님이 해주셨던 수업 내용을 떠올리며 설명을 시작했고, 그녀도 묵묵히 귀를 기울였다.

이따금 내 말을 끊고 "여기는 왜 그렇게 되는 거야? 방금 내용은 이해하지 못하겠어" 하며 질문하기도 했다.

일반적으로 그녀가 이해되지 않는다고 말한 부분은 나도 명확하게 개념을 잡지 못했거나 조리 있게 설명하지 못하는 부분이라 다시 노트 필기를 확인해 새로운 방식으로 설명했다.

그렇게 한 부분의 설명을 마칠 때마다 그녀는 "그러니까 네 말은……"이라며 내가 방금 말한 내용을 자신만의 방식으로 다시 설명하며 내게 확인을 받았다.

그녀의 말을 들으며 나는 그녀가 이해한 내용에 잘못된 부분은 없는지 생각에 잠겼고, 잘못된 부분이 있다면 "맞아! 그런데 이 부분에는 조금 문제가 있어!" 하며 한 번 더 설명해주었다.

가끔 도통 이해할 수 없는 내용이 나오면 교재를 참고해 그 원리를 찬찬히 파악했다.

그렇게 그 식사 시간 동안 나는 그녀와 지난 3교시 수업의 내용과 흐름을 공유했다. 그녀가 빌려주겠다는 노트를 왜 마다했는지는 여전히 의문이었지만!

그래도 확실한 건 그녀에게 수업 내용을 설명해주면서 수업 전반에 대한 이해도가 더 높아졌으며, 그녀의 질문에 내가 완전히 이해하지 못한 부분도 있음을 확인하고 이를 보충할 수 있었다는 점이다.

그리고 신기하게도 이후 중간고사에서 나는 그 과목의 시험을 정말 잘 봤다. 그것도 아주 순조롭게! 그녀 또한 그 과목에서 좋은 성적을 받았고, 우리는 매우 기뻐하며 서로 손뼉을 마주쳤다.

물론 이제는 안다. 그녀에게 수업 내용을 설명하고, 질문에 답을 하고, 모르는 부분의 원리를 파악한 그 모든 과정이 실은 내게 아주 훌륭한 '인출 테스트'였음을 말이다.

기를 쓰며 지식을 외우는 데 그치지 않고 머릿속의 지식을 끊임없이 꺼내 쓸 때, 그 횟수가 많아질수록 우리의 기억은 더욱 선명해진다.

그러니 언젠가 당신에게 수업과 관련한 질문을 하거나 보충 공부를 도와달라는 친구가 생긴다면 시간 낭비라고 생각하지 말고 흔쾌히 도움을 주자. 그럼 상대에게 설명을 해주는 과정에서 자신의 머릿속에 있는 지식을 인출하고, 확인까지

할 수 있어 기억력 증진에 도움 될 것이다.

반대로 내 추억 속 대학 동기처럼 수업에 빠지게 되었다면 친구에게 내용을 설명해달라고 부탁해보자. 이런 식으로 말이다.

"나한테 설명해주면 내가 밥 살게. 이건 네 기억 인출 훈련에도 도움 되니까 서로 윈윈하는 거다!"

Chapter 03

최강 필기법:
사람 대부분은 필기를 잘못하고 있다

— 코넬식 노트 필기법 —

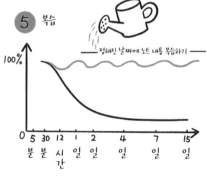

기억 곡선

내가 처음 공개 강연을 시작한 건 대학교 재학 때였다. 우연히 강연 기회를 얻은 아들을 위해 작가 겸 강연자인 내 아버지는 이따금 당신의 무대에 나를 세우기도 하셨다. 강연 능력 훈련이라는 명목에서였다.

이후 나도 책을 몇 권 쓰면서 신간이 나올 때마다 홍보 활동을 했고 그렇게 서점에서, 고등학교에서, 대학교에서 그리고 일부 공익 행사장에서 하던 강연을 지금까지 이어오고 있다.

그런데 가만 생각해보면 그동안 사람들이 강연을 듣는 방식에도 참 많은 변화가 있었구나 싶다. 처음 내가 강연을 시작했을 때만 해도 강연자는 무대 위에서 말을 하고, 청중은 무대 아래에서 그 이야기를 들으며 노트에 기록하는 게 보통이었다. 그런데 어느 순간 현장에 카메라와 노트북이 출현해 사람들의 기록 방식이 디지털화되더니, 이제는 녹음펜이며 스마트폰이 등장해 키보드를 두드리는 수고마저도 할 필요 없이 강연 내용을 바로 녹음하거나 녹화하는 청중을 흔히 볼 수 있게 되었다(일반적으로 주최 측이 저작권 보호를 위해 녹음이나 녹화를 금지하고 있지만 예외도 있다).

한번은 호기심에 강연이 끝나고 녹음펜을 들고 있던 한 젊은이에게 이렇게 질문한 적이 있다.

"강연을 녹음하던데, 나중에 다시 들어보시려고요?"

그는 답했다.

"네, 흥미로운 내용이 많아서 기록해두고 싶었어요. 다시 듣고 싶을 때 들으려고……."

나는 다시 물었다.

"그럼 그동안 다른 강연도 많이 녹음했을 것 같은데 몇 번이나 다시 들으셨어요?"

그가 멋쩍어하며 말했다.

"몇 번 안 들은 것 같네요."

디지털 기기로 녹음을 하면 쉽게 모든 내용을 담을 수 있다. 하지만 녹음을 하고 나면 그대로 방치하는 것이 대부분이다.

잘못된 필기법

대학교 수업 시간에도 교수님의 수업 내용을 토씨 하나 빠뜨리지 않기 위해 강의를 통으로 녹음했다가 나중에 다시 정리하는 학생이 적지 않다고 한다. 이뿐만 아니라 수업 시간에 교수님이 하신 말씀을 99% 실시간으로 기록해 '인간 타자기'라고 불릴 만한 학생도 한둘이 아니라고 한다.

그러나 학습 방법이라는 측면에서 봤을 때 이러한 필기 방식은 너무 비효율적이다.

첫째, 노트북으로 입력하든 손으로 적든 강의하는 선생님의 발화 속도를 따라갈 수 없다는 게 문제다. 다시 말해서 이렇게 모든 내용을 받아 적으면서 수업 내용을 이해하고 파악하기란 어려운 일이라는 뜻이다. 결국 선생님의 머릿속이나 교과서에 있던 지식을 그저 자신의 노트로 옮겨 적었을 뿐 머리에 저장되지는 않는다.

둘째, 수업 내용을 전부 노트에 받아 적으면 따로 시간을 들여 다시 처음부터 끝까지 공부해야 한다. 다른 사람은 한 시간이면 끝낼 복습을 필기 내용을 정리하느라 한 시간, 복습하는 데 또 한 시간을 써야 한다는 의미다. 그러니 시간 낭비 아니겠는가?

셋째, 이런 필기 방식은 쉽게 착각에 빠뜨린다. 즉, '모든 내용을 기록했으니 전부 익힌 거지, 뭐(익숙함의 착각)!'라든지 '아직 완벽하게 익히진 못했더라도 시험 전에 필기해둔 것만 확인하면 선생님이 말씀하셨던 모든 내용을 빠짐없이 복습할 수 있을 거야'라는 착각을 하게 된다는 것이다. 게다가 일단 기록부터 하고 나중에 다시 집중해 공부하는 이런 방식은 시간 낭비는 물론이고 망각곡선의 위력을 간과한 것이 아닐 수 없다. 며칠 밤을 새워야 시험이라는 난관을 돌파할 수 있을지 장담할 수 없다는 뜻이다.

물론 학생 대부분은 선생님의 말씀을 토씨 하나 빠뜨리지 않고 그대로 받아 적는 이런 극단적인 필기법을 사용하지 않으리라 믿는다. 하지만 잘못된 필기법은 이뿐만이 아니다.

예컨대 선생님이 1, 2, 3, 4, 5를 말했다고 해서 달리 중점도 파악하지 않고 노트에 1, 2, 3, 4, 5를 단순 나열하는 것은 올바른 필기법이 아니다. 완벽한 기록에 집착해 선생님의 말씀대로만 받아 적는 것은 이해와 사고를 등한시한 필기법이기 때문이다. 자신에게 필기가 꼭 필요한 내용과 필요하지 않은 내용이 무엇인지 모른 채 그저 선생님의 판서를 베끼는 방법도 마찬가지다. 이렇게 필기하면 나중에 다시 봐도 그 중점을 파악할 수 없다. 그야말로 필기를 위한 필기에 지나지 않는 것이다. 또한 기록에만 신경 써 노트 정리를 잔뜩 해놓고 다시 들춰 보지 않는 것도 문제다. 이러면 수업 내용에 대한 이해가 필기한 그 순간에 멈춰 있게 되면서 관련 지식에 대한 깊은 이해나 지식 체계의 확립을 기대할 수 없다. 그리고 어떤 학생들은 다이어리를 꾸미듯 노트 필기를 예쁘게 하는 것에 집중하는데, 이 역시 올바른 필기법이라고 할 수 없다. 어떻게 하면 더 예쁘게, 보기 좋게 필기할 수 있을까에 신경을 쓰느라 집중력이 분산되어 정작 꼭 필기해야 할 내용을 빠뜨리게 되기 때문이다.

사실 무언가를 기록하는 일은 도구의 발전과 함께 갈수록 간단한 작업이 되어가고 있다. 요즘은 스마트폰만 있어도 작업의 99%를 대신할 수 있고, 여기에 음성을 텍스트로 자동 전환해주는 애플리케이션만 더해도 따로 텍스트화하는 수고를 99%나 덜 수 있으니 말이다.

하지만 도구의 편리성이 학습 능률을 99% 끌어올렸냐를 묻는다면 아마 그 누구도 긍정적인 답을 하긴 어려울 것이다. 왜냐? 학습은 컴퓨터나 스마트폰 혹은 노트에 정보를 기록하는 일이 아니라 우리가 필요할 때 쉽게 꺼내 쓸 수 있도록 머릿속에 저장하는 일이기 때문이다.

그런 까닭에 필기는 학습의 중간 단계가 되어야 한다. 지식을 노트에 적어 방치했다가 시험이 임박했을 때 꺼내 보기 위함이 아니라 편리하게 지식을 습득하고, 저장하고, 꺼내 쓰기 위해 해야 한다.

그렇다면 필기는 어떻게 해야 맞을까?

과학적으로 필기하는 법은?

일반적으로 필기를 하는 과정은 4단계로 나뉜다.

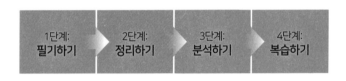

1단계 필기하기는 우리가 흔히 말하는 필기를 뜻하는데, 우리 중 대다수는 수업 내용을 받아 적는 행위 자체에 필기의 의미가 있다고 생각해 이 첫 단계에서 그치곤 한다.

2단계 정리하기란 필기한 내용을 보충하고 보완하는 과정으로, 간략하게 기록해둔 내용이나 빠트린 내용 혹은 갑작스럽게 떠오른 부분들을 한 번 더 정리하고 편집하는 단계다. 이 과정에서 종이 위에만 머물러 있던 정보는 우리의 사고 회로

를 지나 뇌에 저장되기 시작한다.

3단계 분석하기는 필기한 내용 중 지식점에 대해 생각해보는 과정이다. 이 지식의 가치는 무엇인지, 어떤 원리를 따르고 있는지, 다른 지식점과는 어떤 관계가 있는지, 또 이를 어떻게 응용할 수 있는지 등을 생각해보는 과정을 통해 필기 내용 속 지식점들이 자신의 머릿속 지식 네트워크에 잘 자리 잡을 수 있도록 하는 것이다.

4단계 복습하기는 학습 진도에 따라 필기한 내용을 반복해서 학습하는 과정을 말한다. 끊임없이 필기 내용을 들춰 보고 상기하면서 시간의 흐름에 따른 기억 손실을 막고, 뒤쪽의 지식점을 앞쪽의 지식점과 연결하여 지식 체계를 한층 포괄적으로 견고하게 만드는 단계다.

이러한 과정을 모두 마쳐야 비로소 필기의 역할을 다했다고 할 수 있다.

그런 의미에서 내가 추천하는 필기법은 일명 코넬식 노트 필기법이다. 이는 앞서 말한 4단계의 과정을 따를 뿐 아니라 학습과 기억에 대한 뇌과학, 교육학, 심리학 분야의 연구 결과를 반영해 미국의 아이비리그에서도 유행하고 있는 필기법이다.

코넬식 노트 필기법은 코넬대학교의 교육학 교수 월터 포크(Walter Pauk)가 1940년대에 고안해낸 방법으로, 그 시작은 학생들의 학습 효과를 높이기 위함이었다. 대학생, 특히 아이비리그의 학생들은 제한된 시간 안에 방대한 지식을 더 잘 습득하려면 효율적인 필기법이 꼭 필요했기 때문이다(이는 시험 대비를 위해서도 매우 중요한 부분이다). 나만 해도 하버드 재학 시절, 한 학기 동안 봐야 할 필독서가 사람의 키를 훌쩍 넘길 정도였으니까.

어쨌든 이렇게 탄생한 코넬식 노트 필기법은 이후 학습 법칙에 매우 부합한다는 연구자들의 연구 결과를 날개 삼아 대학교에서 직장으로, 그리고 다시 고등학교로, 중학교로, 또 초등학교로 널리 퍼져 나를 포함한 여러 수혜자를 낳았다.

자, 그럼 지금부터 코넬식 노트 필기법에 대해 자세히 알아보자.

코넬식 노트 필기법은 5R 필기법이라고도 하며, 사용 시 다음 5단계를 거친다.

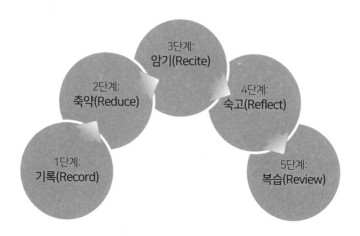

이것이 바로 새로운 지식을 접했을 때 우리가 0부터 시작해 완수해야 하는 5단계이자 시간에 따라 완료해야 하는 5단계 이다. 코넬식 노트 필기법은 구체적인 기록 형식에서도 일반 필기법과는 전혀 다른데, 노트 한 페이지를 필기(Notes) 영역·단서(Cues) 영역·요약(Summary) 영역으로 나누는 것이 포인트다.

가장 큰 영역은 필기 영역인데, 흔히 수업 및 교재 내용을 필기하는 공간이다.

왼쪽 윗부분은 단서 영역으로 간략화 영역이라고도 하며, 몇 마디 문장이나 키워드로 필기 영역의 내용을 요약해 학습 한 지식을 다듬고 가공하는 공간이다.

그리고 아래쪽은 요약 영역으로 해당 페이지의 필기 내용 에서 무엇을 배웠는지, 이 지식을 어디에 활용할지, 다른 지식

코넬식 노트 필기법	

문제
● 누가 발명했나?
● 장점은?
● 몇 개의 영역으로 나누나?
 	
● 기록 방법은?
 	
● 복습에 활용하는 방법은?
	필기:
	코넬대학교의 교육학 교수 월터 포크가 고안함
	장점: 학습 능률을 높이고, 복습에 용이함
	특징: 4개 영역으로 나눔
	1. 제목 영역
	2. 필기 영역
	√ 간결한 텍스트 사용, 행간을 둘 것
	√ 조목조목 열거할 것
	√ 그림이나 도표 사용 가능
	3. 단서 영역
	   2번을 다 적고 난 후, 자신을 시험한다 생각하고
	   필기 내용에 따라 왼쪽 칸에 그에 상응하는 문제
	   를 적어본다
	4. 요약 영역
	   몇 마디의 문장으로 해당 페이지의 필기 내용을
	   총정리한다
	복습 시:
	(1) 필기 영역을 가린다
	(2) 문제에 답한다
	(3) 중점 간의 관계를 생각한다

요약: 간단한 문장이나 그림, 도표로 기록해 스스로 질문을 던지는 방법으로 복습한 후 총정리한다	

점과는 어떤 관계가 있는지 자신의 확장된 생각 등을 종합해 요약하는 공간이다.

이렇게 공간적으로 학습의 전 과정을 배열하고, 시간상으로 다시 5단계의 과정을 따르게 함으로써 학업성취도 향상이라는 결과를 얻도록 한 것이 바로 코넬식 노트 필기법이다.

코넬식 노트 필기법의 5단계

코넬식 노트 필기법의 1단계는 기록하기다.

기록할 때는 선생님의 말씀과 칠판에 적힌 내용을 그대로 옮겨 적기보다는 해당 수업 내용의 핵심과 궁금한 점을 자신만의 표현법으로 작성하는 것이 좋다.

수동적으로 수업을 듣고 필기한다기보다 선생님의 말씀을 좀 더 능동적으로 생각하면서 이해하는 과정이라고 보고, 수업을 마친 후 복습하기 쉽게 자신이 중요하다고 생각하는 부분이나 당장 잘 이해되지 않는 내용, 궁금한 점 등을 위주로 정리해보는 것이다.

이 단계에서는 선생님의 판서 내용을 그대로 옮기는 것이 아닌, 능동적인 사고를 통해 요점을 선별하는 작업이 중요하다. 이때 교재에 실린 내용은 중복해 기록할 필요가 없는데,

이를 위해서는 반드시 예습이 선행되어야 한다. 그래야만 선생님의 말씀 중 책에 있는 내용과 없는 내용을 구분할 수 있기 때문이다.

물론 수업을 들으면서 이런 식으로 필기하려면 그만큼 머리를 써야 하기에 쉬운 일은 아니다. 게다가 아무리 빨리 필기해도 선생님의 말씀 속도를 따라가기란 무리이기에 되도록 짧고 간결한 문장과 기호로 핵심을 기록해야 한다.

2단계는 축약하기다.

수업을 듣고 필기 영역에 기록을 마쳤다면 해당 내용을 간추리고 다듬어야 한다.

이 단계는 보통 수업을 마친 직후에 완료하는 것이 좋다. 망각의 법칙에 따르면 수업이 끝나고 20분 후에는 58.2%, 60분 후에는 44.3%의 기억밖에 남지 않기 때문이다. 따라서 필기를 마친 시간과의 간격이 짧을수록 축약 작업의 가치가 높아진다.

그렇다면 간추리고 다듬는 작업은 어떻게 해야 할까? 방법은 간단하다. 선생님이 수업한 순서에 따라 자신이 직접 각 부분의 소제목을 정해보거나 키워드를 적어보는 것이다. 이때 소제목이나 키워드는 필기 영역의 내용을 빠르게 떠올리는 데 도움 되는 것이어야 한다. 예를 들면 그날 배운 내용 중 어떤 핵심 개념이 있었는지, 이를 어떻게 도출해냈는지, 또 어떻게 한마디로 묘사할지 등을 단서 영역에 기록할 수 있다.

이렇게 단서 영역에 필기 영역의 내용을 간단명료하게 정리하는 작업은 지식을 다시 꺼내 쓰려 할 때, 이 단서만 떠올려도 관련 지식을 넝쿨째 끄집어낼 수 있도록 우리 뇌에 기억의 단서를 차곡차곡 쌓아 올리는 작업이기도 하다.

3단계는 암기하기다.

코넬식 노트 필기법에서의 암기는 일반적인 의미의 암기와 다르다. 단순히 외우는 수준이 아니라 필기 영역의 내용을 가린 채 단서 영역만을 보면서 그 키워드와 개요를 통해 필기 영역의 내용을 자신만의 언어로 다시 설명할 수 있어야 한다.

즉, 필기 내용을 반복해서 읽고 외우는 과정이 아니라 자신이 직접 다듬고 간추린 지식의 단서를 활용해 뇌에서 그 지식을 꺼내는 작업을 일컫는다. 이때 선생님이 학생을 가르치듯 일일이 말로 설명해봐도 좋고, 종이에 적어보는 것도 한 방법이다.

물론 필기 내용을 보면서 복습하는 방법에 비하면 이는 미니 테스트라고 할 만큼 어려운 방법임에 틀림없다. 그러나 이런 미니 테스트로 뇌에 정보 인출을 강요하면 정보 기억의 회로가 강화되어 기억력이 한층 단단해진다. 이뿐만 아니라 잊어버린 내용을 확인하고 보충까지 할 수 있으니, '익숙함의 착각'을 피할 수 있다.

4단계는 숙고하기다.

말 그대로 해당 페이지의 필기 내용에 대해 좀 더 생각해보는 과정을 말한다.

'A가 드러내고 있는 현상은 무엇일까? 관련한 이론에는 어떤 것들이 있을까? 어떻게 응용할 수 있을까? 전에 배웠던 지식과는 어떤 연관이 있을까? A를 통해 무엇을 유도해낼 수 있을까?'

이는 수업 시간에 강의를 듣고 필기 내용을 복습하는 것보다 한 발짝 더 나아간 사유 과정으로, 이를 통해 자신의 지식 체계에 지식을 내재화할 수 있을 뿐 아니라 독립적인 사고력을 키울 수 있다.

방법은 간단하다. 필기 내용에 대해 생각해보고, 새롭게 든 생각이 있다면 노트 하단의 요약 영역에 적는 것이다. 다소 유치한 견해라 해도 상관없다. 그 모든 것이 자신의 지식 체계를 확립하는 과정이니까.

끝으로 5단계는 복습하기다.

이는 우리가 흔히 말하는 그 복습을 일컫는다. 다만 이때도 3단계에서와 마찬가지로 단서 영역만으로 필기 영역의 내용을 되짚어보는 방법을 사용해야 한다. 이 과정에서 새롭게 든 생각이 있다면 언제든 요약 영역에 덧붙이거나 삭제할 수 있다.

물론 학습 능률이라는 측면에서 볼 때 복습은 시험을 코앞에 두고 벼락치기로 하는 작업이 아니라 기억의 법칙에 따라 뇌의 특성을 이용해 지식을 좀 더 잘 습득할 수 있도록 하는 과정이 되어야 한다.

그런 까닭에 이 단계에서 가장 중요한 점은 바로 망각에 대항하는 일이다. 시간이 지날수록 줄어드는 기억을 끊임없이 다시 끄집어냄으로써 지식의 저장과 인출 능력을 강화해야 한다는 뜻이다.

그 방법으로 기억 주기를 활용해볼 수 있다. 에빙하우스의 망각곡선에 따르면 우리의 뇌는 5분, 30분, 12시간, 1일, 2일, 4일, 7일, 15일 이렇게 총 8개의 기억 주기를 가지고 있는데, 이 주기에 맞춰 복습 일정을 짜보는 것이다.

5분, 30분을 각각 기록과 기록 후 축약의 시간으로 삼고, 12시간과 1일 후를 암기하는 시간으로 보낸 뒤 2, 4, 7, 15일에 모두 일정한 복습 시간을 갖는 것이다. 이때 복습 시간이 너무 길 필요는 없다. 그저 필기 내용을 직접적으로 보지 않는 3단계의 암기 방식을 활용하기만 하면 매우 이상적인 학습 효과를 거둘 수 있을 테니까.

요컨대 이런 시간 차 학습을 통해 지식에 대한 이해도와 내재화 정도를 끊임없이 강화하고, 지식의 관계와 응용 방법을 더 잘 파악해 요약 영역의 내용을 자유롭게 첨삭할 수 있어야 한다. 지식의 단기기억이 반복 저장과 인출을 통해 장기기억으로 전환되면 이 지식은 쉽게 잊어버릴 수 없는 기억이 되어 복습하기에도 한결 수월해진다.

세 개의 영역과 5단계로 대표되는 코넬식 노트 필기법은 기록하는 작업에서 생각을 다듬고 다시 전체 요약을 하기에 이르는 일종의 점진적 심화 학습법이다. 이는 망각의 법칙을 따라 각기 다른 시간에 여러 번 기억을 상기하게 함으로써 시간 차 학습을 실현했을 뿐 아니라 '바람직한 어려움' 이론에도 부합한다.

또한 지식과 지식 사이의 관계를 생각하게 하고, 필기한 내용 외의 것으로 생각을 확장하게 만들어 그 지식을 온전히 자신의 지식 체계로 내재화함으로써 기억과 이해를 강화하도록 돕는다. 게다가 일반 노트에 두 줄을 그어 세 가지 영역을 만들면 그뿐이니, 당장 활용하기에도 매우 편리하다.

굳이 단점을 꼽는다면 우리의 '게으름'과 싸워야 한다는 정도랄까? 일단 다 적고 나중에 복습하고, 복습할 때도 필기 내용을 보면서 외우던 기존의 방법과 비교하면 코넬식 노트 필기법은 확실히 주도적으로 해야 할 일이 많다. 주도적으로 암기하고 셀프 테스트도 해야 하며, 배운 내용을 다듬고 요약까지 해야 한다. 이러한 반복 과정은 어쩌면 조금 어렵게 느껴질 뿐더러 심지어 귀찮을지도 모른다.

그러나 이것이 바로 학습 규칙에 맞는 필기법이다. 우리가 노트 필기를 통해 얻고자 하는 효과는 결국 종이나 컴퓨터가 아닌 우리의 머릿속에 지식을 담아 언제든 꺼내 쓸 수 있게 되는 것 아니던가?

Chapter 04

최강 문해력:
문해력을 키우는 목표는 속독이 아니다

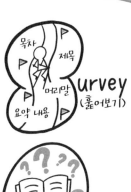

Survey (훑어보기)

SQ3R 독서법

Question (질문하기)

Read (읽기)

Recall (되새기기)

Review (복습하기)

　혹시 주변에 책 읽는 속도가 아주 빠른 친구가 있는가? 똑같은 소설을 읽더라도 남들은 2~3일이 족히 걸리는 책을 반나절 만에 다 읽어버린다든가, 남들이 도서관에서 책 한두 권을 빌려 몇 주 동안 읽을 때 잔뜩 책을 빌려 정해진 반납일보다도 며칠이나 앞서 책을 다 읽고 반납한다든가 하는 그런 친구 말이다. 그런 친구라면 그는 문해력이 뛰어나다고 할 수 있을까?

　물론 책 읽는 속도라는 기준만 놓고 생각하면 그 친구는 확실히 상당한 문해력을 가졌다고 할 수 있다. 그러나 그가 소설이나 잡지처럼 다소 심심풀이용에 가까운 책만 읽은 것이라면, 그저 텍스트 읽기 능력이 좋은 것일 수도 있다. 이 경우 동원해야 하는 두뇌 자원이 많지 않을뿐더러 우리가 공부할 때

필요하다고 말하는 문해력과도 차이가 있다.

흔히 공부에 필요한 문해력이란 교과서 단원이나 문학 작품뿐만 아니라 각종 학습 자료와 국어 및 외국어 문장, 참고서적, 도표와 텍스트가 혼합된 논문 그리고 시험 때 받아보는 시험지 등을 읽고 이해하는 능력을 말한다.

이때 읽기는 단순한 소일거리가 아니다. 많이 읽고 적게 생각하고 다 보면 옆으로 미뤄두면 그만인 그런 것이 아니라, 읽은 자료에서 자신이 필요한 무언가를 찾을 수 있어야 한다. 그리고 이런 종류의 읽기는 가끔 제한 시간이 있어서 우리에게 부담을 주기도 하는데, 주로 학기말고사를 봐야 한다거나 과제를 제출해야 할 때가 이런 상황에 해당한다.

그런 까닭에 읽기 속도는 당연히 빠르면 빠를수록 좋다. 이는 두뇌의 정보처리 속도가 빠르다는 의미이기 때문이다. 그러나 이와 동시에 자신에게 필요한 핵심 정보를 얻어 읽기 목적을 달성할 수 있어야 한다.

한마디로 문해력이란 제한 시간 안에 핵심 정보를 빠르게 얻는 능력이다. 참고로 나의 옛 룸메이트 조는 문해력이 상당히 뛰어난 친구로, 산더미 같은 학습 자료에도 시험에 필요한 정보를 빠르게 찾아내 습득할 줄 알았다. 이는 그가 모든 시험을 쉽게 통과할 수 있었던 요인이다.

목적을 가진 읽기
vs.
소일거리로서의 읽기

무언가를 읽기 전에 먼저 해야 할 일이 있다. 바로 자신이 하려는 읽기 행위가 목적을 가진 읽기인지(핵심 정보 획득), 아니면 소일거리로서의 읽기인지를 구분하는 일이다(시간 때우기, 정서 함양, 심미적 욕구 충족 등). 전자는 말 그대로 확실한 목적성을 띠고 있지만, 후자는 여유를 가지고 꼼꼼하게 글을 음미할 때 더 좋은 경험과 수확을 얻을 수 있다.

이는 엄연히 다른 두 가지의 일이지만 사람들은 흔히 읽기 행위를 할 때 이 부분에서 첫 번째 실수를 범하곤 한다. 소일거리로서 읽기를 할 때의 습관을 그대로 가져와 공부에 적용하면서 말이다. 당신도 한번 생각해보라. 읽어야 할 자료를 받으면 그것이 문학 작품이든 정연한 논문이든, 두꺼운 책이든 낱장의 자료들이든 일단 첫 페이지를 펼쳐 첫 줄의 첫 글자부터 한 줄 한 줄 끝까지 읽어 내려가지 않았던가?

그러나 학습 효율을 생각할 때 이는 상당히 비효율적인 읽기 방법이다. 우리에게 필요한 핵심 정보는 결국 수천 자로 된 한 편의 문장 중 단 몇 줄이거나 두꺼운 책 한 권 중 몇몇 장의 몇몇 단락이 전부이기 때문이다. 이렇게 소량의 핵심 정보를 얻자고 이와 상관없는 일에 더 많은 시간과 에너지를 쏟다니 참 가성비 떨어지는 일 아닌가?

그래서 이번 장에서는 학습에 필요한 문해력과 좀 더 효율적인 읽기 방법에 대해 알아볼까 한다.

쇼핑센터 내 한 피자 가게가 맛집이라는 소문을 듣고 친구들과 함께 가보기로 했다고 가정해보자. 이 경우 당신은 쇼핑센터에 도착해 가장 먼저 뭘 하겠는가?

배도 고프지 않고 시간적 여유도 있는 상황이라면 가볍게 쇼핑센터를 둘러본 뒤 피자를 먹으러 갈 것이다. 그러나 피자를 먹고 다시 수업을 들으러 가야 하는 상황이라면 쇼핑센터에 도착하자마자 그 피자 가게가 몇 층에 있는지, 어디서 엘리베이터를 타야 하는지부터 살필 것이다.

그렇게 쇼핑센터의 안내도를 찾아 확인하고, 안내 데스크에 재차 문의한 끝에 그 큰 쇼핑센터에서 6분 37초 만에 드디어 모퉁이에 자리한 피자 가게를 찾아낸다.

자, 이제 맛있는 피자를 먹기만 하면 된다.

그런데 여기서 한 가지 묻고 싶은 게 있다. 당신은 왜 1층부터 가게를 하나하나 찾아보는 방법 대신 안내도를 확인하고 또 안내 데스크를 찾아가 문의하는 방법을 택했을까?

지금 어쩌면 "그걸 질문이라고 하나?"라고 반문할지도 모르겠다.

그렇다. 당신은 목적을 향해 직진한 것일 테고 이는 지극히 당연한 일이다. 길을 모를 때 주변 사람이나 도구의 도움을 받는 것도 물론 자연스러운 일이다. 그렇다면 왜 우리는 유독 글을 읽을 때만 아무 목적 없이 첫 페이지부터 시작하고 보는 걸까?

이는 우리가 반드시 기억해야 하지만, 흔히 간과하고 있는 사실 때문이다. 그것은 바로 글을 읽을 때도 제한된 시간 안에 핵심 정보를 빠르게 찾아야 한다는 목적이 있다는 사실이다. 이 목적을 달성하기 위해서는 자신이 읽는 행위를 통해 무엇을 얻고자 하는지부터 알아야 한다. 이런 목표가 있어야 취사선택을 할 수 있다.

그리고 참 신기하게도 이런 목표를 가졌을 때 자신이 원하는 정보를 더 빨리 획득할 수 있다. 이는 우리의 두뇌 작동 메커니즘과 연관이 있는데, 먼저 내가 겪었던 일을 예로 들어보겠다.

현재 내게는 아이 두 명이 있다. 아내가 임신하기 전까지만 해도 나는 타이베이를 젊은이의 도시라고 생각했다. 어딜 가

소일거리로서의 읽기	학습에 효율적인 읽기
처음부터 끝까지 읽는다	맥락에 따라 중점을 짚어가며 읽는다
속으로 소리 내어 읽는다	되도록 소리 내 읽지 않는다
글의 운율과 변화를 즐긴다	중점 사이의 관계를 파악한다
내용을 순서대로 이미지화한다	끊임없이 반문하며 내용을 예상해본다
시간 제약이 없다	스스로 시간을 제한한다
다소 수동적으로 정보를 획득한다	주도적으로 정보를 찾는다
심심풀이 삼아 시간을 때울 수 있다	단시간에 집중도를 높여 완료한다

나 활력 넘치는 젊은 남녀가 가득했기 때문이다. 그런데 아내의 임신 사실을 알게 된 순간부터 타이베이에 임부가 이토록 많이 늘었나 싶게 쇼핑하는 임부부터 공원을 산책하는 임부, 지하철을 탄 임부까지 유독 임부가 눈에 들어왔다. 때마침 예비 엄마들이 단체 외출을 하기라도 한 걸까?

물론 그건 아니었다. 내가 임신이라는 일에 신경을 쓰기 시작했기 때문에 다른 임부의 존재를 좀 더 쉽게 알아차린 것뿐이었다. 이런 현상을 '임부 효과'라고 하는데, 그 원리는 우리 뇌의 '연상 작동'에 있다. 우리의 뇌는 어떤 정보를 받기 시작하면 이와 동시에 연상을 시작하는데, 이때 해당 정보와 관련된 일이 더 쉽게 눈에 들어온다.

이런 맥락으로 글을 읽기 전, 그 행위를 통해 어떤 정보를 얻고 싶은지 미리 염두에 두면 글을 읽으면서 그 정보들에 더 주의를 기울일 수 있다.

이뿐만 아니라 어떤 글을 읽기 전에 먼저 시험을 치러도 같은 효과를 볼 수 있다. 실제로 심리학자들이 진행한 실험에 따르면 아는 게 아무것도 없어 0점을 맞더라도 글을 읽기 전에 먼저 시험을 치른 학생들이 시험을 치르지 않고 곧바로 글을 읽은 학생들보다 좋은 성적을 냈다.

왜일까? 심리학자들은 학생들이 시험문제를 통해 글을 읽을 때 '주의해야 할 내용'을 파악한 데다 시험을 망친 경험 또한 '한 번 읽었으니 다 알아'라는 '익숙함의 착각'에서 벗어나 더 열심히 글을 읽게 된 이유가 되었기 때문이라고 설명한다.

어떻게 해야
문해력을 높일 수 있을까?

1단계: 읽는 목표를 분명히 한다

글을 읽기 전 왜 이 책을, 문장을, 자료를 읽어야 하는지, 여기에서 얻고자 하는 지식이나 정보 혹은 방법은 무엇인지, 읽는 행위를 통해 어떤 문제를 해결하고자 하는지를 자문해야 한다. 이에 대한 명확한 답을 가지고 글을 읽으면 읽기의 효율을 크게 높일 수 있다.

그럼 어떤 질문을 먼저 해야 하는지 어떻게 아느냐?

요즘 교과서에는 보통 단원의 첫 페이지에 학습의 중점이 인쇄되어 있지 않은가! 그러니 교과서를 보기 전에 이 부분을 먼저 확인하는 것이 좋다. 중점을 알고 이를 생각하며 본문을 읽으면 해당 단원에서 무엇이 가장 중요한 내용인지 쉽게 알 수 있을 테니까.

2단계: 목차를 훑어본다

일반적으로 책에는 목차가 있고, 교과서에는 요강이 있으며, 본문에는 제목과 소제목이 있다. 문해력을 높이는 방법 중 2단계는 바로 이 목차 및 요강 등을 빠르게 훑어 책이나 문장의 전체 구조를 이해하는 것이다.

사람 대부분은 책을 읽을 때 목차는 물론이고 심지어 각 장의 첫머리에 적힌 소개 글까지 건너뛰곤 하는데, 이는 참 안타까운 일이 아닐 수 없다. 실은 목차만 봐도 예상 가능한 책 속 내용이 상당하기 때문이다(이는 실용서를 읽을 때 적용 가능한 방법으로, 소설 등을 읽을 때는 그에 맞는 방법을 활용해야 한다).

예를 들어 뇌와 건강 이야기를 다룬 책의 3장 목차에 '배가 우울하십니까?: 장 건강이 우울감과 초조함에 미치는 영향'이 있다고 가정해보자. 자, 그럼 이 장에는 어떤 내용이 담겨 있겠는가? 답은 간단하다. 바로 '장 건강이 우울감과 초조함에 미치는 영향'이 담겨 있을 것이다. 그렇다면 '장 건강이 구체적으로 우울감과 초조함에 어떤 영향을 미칠까? 왜 영향을 미치는 걸까?'라는 질문을 품고 책을 읽어볼 수 있다.

하지만 모든 책의 목차가 이렇게 직접적이고 명료하지는 않다. 그러니 목차가 매우 간단해 딱히 본문 정보가 드러나지 않는 경우라면 책을 펼쳐 제목과 소제목을 통해 내용을 추측해보는 방법을 추천한다.

이렇게 해보자.

먼저 처음 읽는 책 한 권과 그 책을 읽은 친구 한 명을 찾는다. 그런 다음 목차와 제목만을 훑어보고 각 장의 요점이 무엇인지 예측해 책을 읽은 친구에게 그 예측이 맞았는지를 확인해보자. 예측이 빗나갔다면 실제 요점이 무엇인지 친구에게 이야기를 듣는 것이다.

그러면 짧은 시간 안에 책의 대략적인 내용을 알 수 있다!

3단계: 중요한 대목만 대충 읽으며 답안을 찾는다

한 편의 글에서 모든 정보가 동등한 가치를 갖는 것은 아니다.

아마 그동안 습관적으로 글자를 따라 글을 읽어 내려가고, 그러다 요점을 발견하면 그 부분에 유의해 다시 읽는 등의 방법을 사용했을 터다. 그러나 효율적인 읽기의 개념은 본격적으로 글을 읽기에 앞서 스스로 학습 목표에 관한 질문을 던지고, 문장 속 키워드에 따라 빠르게 그 답안을 찾는 데 있다.

그러니 일단 본문을 대충 훑어보며 단락의 키워드를 찾아보자. 자신이 생각하기에 중요한 부분을 발견했다면 키워드 주변의 내용을 꼼꼼하게 읽어 자신의 질문에 답이 될지를 살펴보는 것이다. 이렇게 글 읽는 과정에서 자신이 어떤 문제들의 답을 찾았는지, 어떤 요점을 이해했는지, 그리고 그 요점 사이에는 어떤 관계가 있는지를 분명히 깨달아야 한다. 이 중에서도 서로 간의 상관관계를 파악하는 것이 특히 중요하다. 글 한 편을 다 읽도록 키워드만 잔뜩 나열해놓고 그것들 사이의 관계를 설명하지 못한다면 이는 내용을 파악했다고 볼 수 없다.

이 단계를 제대로 수행하려면 충분한 연습이 필요하다. 그동안의 읽기 습관과는 전혀 다른 방식일 수도 있을 테니까. 물론 처음엔 적응도 잘 안되고, 어떻게 연습을 시작해야 할지도 몰라 난감할 수 있다. 이럴 때는 이런 방법으로 연습을 시작해보자.

키워드와 제목에 따라 띄엄띄엄 훑어보되, 속도를 살짝 늦춰 읽는 동시에 키워드를 필기하는 것이다. 다른 종이나 노트에 키워드를 적었다면 다음은 마인드맵 형식으로 키워드들의 논리적 관계를 연결할 차례다. 처음엔 이렇게 하는 것이 골치도 아프고, 처음부터 끝까지 글을 읽지 않는다는 사실에 왠지 찜찜한 기분이 들 수도 있다. 그러나 자신을 믿고 꾸준히 연습하기만 하면 갈수록 많은 정보를 갈수록 빠르게 습득하고 있는 자신을 발견할 것이다. 그리고 그렇게 숙련되면 종이에 따로 그릴 필요도 없이 머릿속에 자동으로 마인드맵이 생성될 것이다!

4단계: 시간을 제한한다

온종일 200페이지가 넘는 책을 읽는다고 가정하면 소일거리로서의 읽기 방식을 사용해 천천히 읽을 수 있겠지만, 오늘 주어진 시간이 60분뿐이라면 어떨까?

일반적인 읽기 방법으로는 책의 10%밖에 보지 못할 것이다. 그런데 효율적인 읽기 방법을 사용하면 60분 안에 책 한 권을 약독(略讀)할 수 있음은 물론이고 연습을 통해 더 많은 내용을 파악할 수도 있다.

흔히 학생들은 학년이 올라갈수록 늘어나는 학습량을 소화하고자 조바심을 내며 복습에 많은 시간을 쏟아붓곤 한다. 그러나 피곤하게 자신을 몰아붙이는 지경에 이르지 않으려면 효율적인 학습자가 되어야 한다. 그리고 이를 위해서는 정해진 시간에 봐야 할 자료를 모두 읽는 연습이 필요하다.

먼저 글 한 편을 읽는 데 시간이 얼마나 걸리는지를 측정해 보자.

그런 다음 이 시간을 절반으로 줄여 타이머를 설정한 후 그 시간 내에 새로운 글 한 편을 읽어보는 것이다.

글을 읽고 난 후에는 해당 글이 어떤 구조였는지, 글의 전체 주제는 무엇이었는지, 특정한 포인트로는 어떤 것들이 있었는지 등을 곧바로 되짚어본다. 이러한 과정을 거치는 일만으로도 학습과 기억에 도움 될 것이다.

고급 훈련: 제한 시간 내 신문 읽기

10분 안에 신문 읽기를 해보자. 먼저 헤드라인부터 각 기사의 표제를 확인한 후 남은 시간을 이용해 본문을 훑어본다. 그렇게 10분 동안 신문 한 부를 모두 훑어봤다면 가족에게 그날의 신문 내용과 관련된 문제를 내달라고 부탁해보자. 그럼 10분 안에 생각보다 많은 정보를 얻은 사실에 깜짝 놀랄 것이다.

5단계: 예측하는 연습을 한다

소일거리로 글을 읽을 때 우리는 거의 수동적으로 정보를 받아들인다. 그런데 혹시 글을 읽으며 저자의 생각을 예측하고, 다음에는 어떤 내용이 나올지 예상해본 적 있는가?

이는 글을 읽기 전에 스스로 질문을 던지는 것과 같은 효과가 있다. 다만 글을 읽으면서 때로는 저자로, 때로는 질문자로, 또 때로는 반대자로 분하여 예측하는 과정은 저자와의 토론에 가깝다고 할 수 있다. 물론 이 토론은 읽기를 멈추고 따로 진행해야 하는 것이 아니라 읽는 동시에 잠재의식 속에서 진행되어야 한다. 이런 식으로 말이다.

'이러한 관점은 무엇을 파생시킬까?'

'저자는 이 이야기를 하기 위해 왜 복선을 깔았을까?'

'이 논점을 이야기하고 나면 다음은 반론이 나오겠지?'

흔히 좋은 글에는 뚜렷한 맥락이 있다고 한다. 다양한 글을 많이 읽을수록 여러 문체에 대한 '직감'이 생겨 빠르게 문장의 맥락을 파악할 수 있는데, 바로 이때 우리의 문해력이 한층 더 강화됐다고 볼 수 있다.

또한 같은 주제를 가진 책이나 문장을 연달아 읽다 보면 중복되는 지식이 눈에 띄기 시작하고, 그 주제가 눈에 익을수록 글 읽는 속도도 빨라져 어느 순간 글을 슬쩍 훑어만 봐도 저자의 생각과 입장을 예측할 수 있을 것이다.

요컨대 문해력을 높이려면 많이 읽는 것이 최고다! 그렇게 예측 능력을 높이고, 여기에 앞서 말한 몇 가지 기술을 더하면 문해력 향상을 위한 효율적 전략은 거의 완성이다.

어떻게 형광펜을 사용할까?

우리 주변에는 글을 읽으며 자신이 중요하다고 생각하는 부분에 습관적으로 밑줄을 긋는 사람들이 있다. 그들은 흔히 책 한 권을 형광색 밑줄투성이로 만들어놓고 '음, 열심히 봤군' 하며 성취감을 느끼기도 한다. 그런데 이런 방법이 정말 공부에 도움 될까?

형광펜은 복습할 때 우리가 원하는 정보를 빠르게 찾을 수 있도록 본문의 중점을 표시하는 데 사용해야 한다. 그런데 중점이라고 표시해놓은 부분이 너무 많다면 그걸 중점이라고 할 수 있을까? 그런 의미에서 나는 글을 읽으며 밑줄 그을 게 아니라 글을 다 읽고 난 후에 다시 밑줄 그을 것을 추천한다. 그래야 더 정확하게 중점을 표시할 수 있기 때문이다.

서로 다른 색의 형광펜을 쓰는 것도 한 방법이다. 예를 들면 노란색 형광펜으로는 학습 요점과 관련한 논점에 밑줄을 긋고, 파란색 형광펜으로는 특별히 인상적인 구절에 동그라미를 치고, 또 빨간색 형광펜으로는 페이지 여백에 내용에 대한 궁금증을 적는 식으로 말이다.

물론 이때도 키워드나 데이터, 문구를 막론하고 중요해 보이면 무조건 표시부터 하고 보는 행위는 피해야 한다. 중요 표시를 남발하면 정말 중요한 내용이 무엇인지 판단하기 어려워지기 때문이다.

효율적인 읽기의 기본 원칙

자, 이상으로 효율적인 읽기를 위한 전략을 알아보았다. 그러나 이는 어디까지나 일종의 기술이지, 읽기 방법이라고 하기에는 무리가 있다. 읽기는 속도 못지않게 그 과정에서 정보를 획득하고 이해하는 능력이 중요한데, 이 역시 많은 연습을 통해 꾸준히 연마할 필요가 있기 때문이다. 그리고 이를 위해서는 무엇보다 다음과 같은 기본 원칙을 체화해야 한다.

1. 묵독을 멈춘다

언어를 배울 때 선생님께 자주 듣던 말이 있다. 바로 "소리 내어 읽어라" 하는 말이다. 그런 까닭에서인지 우리는 입 밖으로 소리를 내지 않더라도 속으로 글을 읽는 묵독(默讀) 습관이 어느 정도 몸에 배어 있다. 그러나 묵독 습관은 글 읽는 속도를 크게 늦추는 요인이 된다. 인간이 말하는 속도가 보통 1분에 200자 정도인데, 눈과 머리로 글을 읽는 속도는 1분에 수천 자 이상이 될 수 있기 때문이다. 따라서 묵독하는 습관은 반드시 고쳐야 한다. 여기에는 어느 정도의 연습이 필요한데, 비교적 간단하고 효과적인 연습법은 읽는 속도를 크게 높이는 것이다. 스스로 시간제한을 두고, 짧은 시간 안에 일정량의 내용을 반드시 읽도록 함으로써 묵독할 시간이 없게 만드는 것이다. 이렇게 어느 정도 연습하다 보면 묵독 습관을 개선할 수 있다.

2. 되돌아가 읽는 습관을 고친다

가끔 글을 읽다 보면 갑자기 앞부분에 자세히 보지 못한 데가 있다는 생각이 들어 다시 앞으로 돌아가 그 부분을 확인할 때가 있다. 그런데 이 같은 행동은 읽기의 흐름을 끊어 읽기 진도에 영향을 미친다. 게다가 이렇게 되돌아가 확인하는 내용은 그리 중요하지 않은 내용일 때가 대부분이다. 그저 '제대로 못 본 것 같은데'라는 생각에 심리적으로 확인하고 싶을 뿐이지, 머리로 글 내용을 이해하는 데는 그다지 큰 의미가 없다는 뜻이다.

자꾸만 앞으로 되돌아가 읽는 부분이 있다면 한번 생각해보자. 되돌아가 읽은 부분이 그토록 중요한 내용이던가? 그렇다면 아직도 그 내용을 기억하고 있는가? 아마 지엽적인 내용이었을 것이다. 그러니 자꾸 앞부분으로 되돌아가 확인하려는 충동을 꾹 참고 글을 계속 읽는 훈련을 해보자. 이 훈련에 익숙해지면 되돌아가 읽는 습관을 고칠 수 있을 것이다.

3. 눈을 훈련한다

우리가 상식적으로 흔히 하는 착각이 있다. 바로 글 읽는 속도를 높이려면 우리의 눈을 좌우로 더 빠르게 움직여야 할 거라는 착각이다. 그런데 사실 속독을 위해서는 눈의 움직임을 줄여야 한다.

이는 우리의 직감과는 반대로 눈이 일할 때 나타나는 생리적 반응과 연관이 있다. 글을 읽을 때 글자를 따라 시선을 이동하는 과정에서 우리의 눈은 몇 밀리초의 시간을 들여 다시 초점을 맞추고 글자를 식별한다. 이때 속도를 높여 글자를 식별하려 할 때 나올 수 있는 결과는 두 가지다. 글을 읽었지만 뭘 읽었는지 모르거나 더 많은 시간과 에너지를 소모하거나! 안구 근육의 하중이 가중되기 때문인데, 이는 글을 읽을 때 되돌아가 읽는 습관을 고쳐야 하는 이유이기도 하다.

따라서 글 읽는 속도를 높이려면 눈을 더 빠르게 움직이기 위한 훈련이 아니라 눈의 움직임을 줄이기 위한 훈련이 필요하다.

이를 위한 훈련 방법에는 두 가지가 있는데, 그 첫째는 바로 우리의 눈이 다른 글자로부터 방해받지 않도록 손으로 짚어가며 읽는 방법이다. 즉, 손가락을 안내자 삼아 그것이 가리키는 내용에 집중하는 거다. 어린아이가 글 읽는 법을 배울 때나 사용할 법한 방법 같아도 손가락으로 짚어가며 글을 읽으면 눈을 더 정확하고 안정적으로 움직일 수 있어 속독에 도움 된다. 이는 이미 연구를 통해서도 입증된 사실이다.

둘째는 바로 곁눈을 활용해 눈의 움직임을 줄이는 방법이다. 곁눈으로 더 많은 내용을 눈에 담을 수 있게 되면 눈을 움직여 읽어야 할 영역이 축소된다. 그만큼 글 읽는 속도도 빨라진다는 뜻이다.

우리의 시각은 중앙 시각과 주변 시각으로 나뉜다. 중앙 시각은 우리가 주시하고 있는 영역을 말하며, 주변 시간은 그 영역 밖을 가리킨다. 주변 시각을 단련해 글을 읽을 때 더 많은 정보를 눈에 담으려면 눈 근육을 더 튼튼하고 유연하게 만들어 시야를 넓혀야 하는데, 여기 눈 근육을 효과적으로 자극할 운동법이 있다.

먼저 두 팔을 양옆으로 벌려 자기 어깨와 같은 높이에 둔 다음 엄지가 하늘을 향하도록 치켜세우자. 그런 다음 고개를 돌리지 않고 눈으로만 오른쪽 엄지와 왼쪽 엄지를 번갈아 바라보자. 이렇게 매일매일 몇 세트씩 연습하면 효과적으로 눈 근

육을 단련할 수 있다.

이는 눈의 피로를 풀어주는 좋은 방법이기도 하니, 책을 보다가 피곤할 때 수시로 해도 좋다.

효율적인 읽기란 결국 개인의 종합 능력을 드러내는 기술이자 글을 읽는 습관이다. 실제로 글을 읽으며 훈련을 거듭하고, 그렇게 글 읽기에 속도가 붙어 익숙해지면 어떤 방법이 자신에게 더 많이 작용했는지 분간할 수 없을 것이다. 그 과정은 우리의 눈과 뇌 그리고 소리와 의식 등 다양한 메커니즘이 관련되어 매우 복잡하기 때문이다. 다만 한 가지 꼭 파악해야 하는 사실이 있다. 바로 읽기란 제한된 시간 안에 핵심 정보를 빠르게 획득하는 일이라는 사실이다. 이를 기준으로 삼으면 끊임없이 문해력을 향상할 수 있을 것이다.

문해력이 향상되고 있다면 그다음은 읽기 습관을 기를 차례다.

읽을거리를 받았을 때 전반적인 내용을 빠르게 훑어보는지, 아니면 목차를 먼저 확인하는지, 글을 읽으면서 필기하는지, 아니면 글을 전부 읽고 나서 필기하는지 등등 이러한 절차와 방법의 조합이 바로 읽기 습관이다. 자신에게 잘 맞고 활용하기도 좋은 읽기 습관을 가지면 세부적인 면을 보완해가며 최대의 문해력을 발휘할 수 있다.

뇌가 어떤 습관 회로를 가지면 정신적인 에너지를 크게 절약할 수 있다. 인간이 하는 행동 중 약 40%가 습관성 행동에 속하는데, 이것이 인간의 능률을 크게 높여주기 때문이다. 예컨대 양치질은 인간의 대표적인 습관성 행동이다. 그런데 '양치질할 때마다 이번엔 왼쪽에서 오른쪽으로 해야 하나?', '어느 정도의 힘을 사용해 몇 분이나 해야 하지?' 등을 고려해야 한다면 정말 미칠 노릇일 것이다.

따라서 좋은 습관은 자신에게 주는 고효율이라는 선물이라고 할 수 있다! 읽기 습관도 마찬가지다. 그러니 읽기에 관한 여러 기술을 익혔다면 자신에게 꼭 맞는 읽기 습관을 조합해보자.

SQ3R 독서법

일단 내가 비교적 좋아하고, 또 추천하는 방법은 일명 'SQ3R 독서법'이다. 이는 상당히 효율적인 읽기 습관의 조합으로, 미국의 심리학자이자 오하이오주립대학교의 심리학 교수인 프란시스 로빈슨(Fransis P. Robinson)이 제안한 읽기 방법이다. 읽기와 학습 효율을 높이는 데 그 목적이 있는 만큼 미국의 여러 대학이 학생들에게 추천하는 읽기 방법이기도 하다.

SQ3R 독서법은 5단계로 나뉜다.

1단계: 훑어보기(Survey)

2단계: 질문하기(Question)

3단계: 읽기(Read)

4단계: 되새기기(Recall)

5단계: 복습하기(Review)

이 5단계의 머리글자를 따 SQ3R이라고 이름 붙인 것이다. SQ3R에는 학습 과정도 결합되어 있어서 읽기 효율을 높이는 데는 물론 공부할 자료, 필기할 것, 복습할 것, 시험 봐야 할 것 이 많을 때 활용하기에 매우 적합하다.

SQ3R의 1단계는 훑어보기다.

책은 무조건 첫 글자부터 읽어야 한다는 강박을 버리고, 일 단 몇 분 동안 책의 구성을 살펴 그 책의 대략적인 내용을 알 아보는 것이다. 이때 책의 목차, 대제목, 소제목, 들어가는 말, 요약 등을 살펴보되 구체적인 내용은 보지 않는다. 선생님으

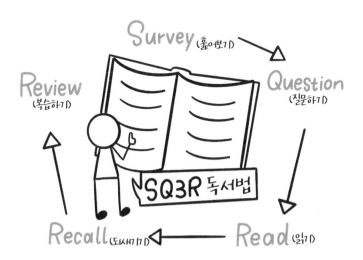

로부터 독서 지도나 숙제를 받았다면 이 역시 훑어보기 범위에 포함한다.

어떤 곳에 처음 가려면 먼저 지도를 확인하듯, 이러한 포인트들은 우리가 읽는 자료의 '랜드마크'가 되어 그 자료가 무엇을 이야기하는지, 또 어떤 문제를 해결해야 하는지를 보여준다. 이는 자신에게 필요한 핵심 정보를 빠르게 파악하는 데 도움 된다.

요즘은 흔히 인터넷을 통해 공부하는데, 이때도 훑어보기를 활용해 온라인상의 콘텐츠가 자신이 찾고 있는 정보가 맞는지를 빠르게 판단할 수 있다. 콘텐츠의 제목, 이미지, 중점 부분 등을 살펴 필요한 콘텐츠가 아니라면 시간 낭비하지 않도록 창을 닫는 것이다.

SQ3R의 2단계는 질문하기다.

본격적으로 글 읽기에 앞서 스스로 질문을 던짐으로써 자신의 독서 목표를 명확히 하고 독서의 효율을 높이는 단계다. 여기서 핵심은 내용에 기초하여 질문을 던지는 것이다. 예를 들면 1단계에서 훑어보았던 제목이나 요약, 구성 등을 질문으로 전환해볼 수 있다.

내가 아이들을 위해 집필했던 심리학책《누구도 너를 대신해 어른이 되어줄 순 없어》를 예로 들어보자. 이 책에는 감정 관리에 대해 언급한 장이 있고, 그 장에는 다음과 같은 네 개의 대제목이 있다.

감정은 일종의 생존 기능이다

흥미로운 표정 게임

감정을 조절할 방법이 있을까?

부정적인 감정도 전환할 수 있다

그렇다면 이를 훑어보고 '감정을 어떻게 생존에 활용할까?', '감정을 말하는데 왜 표정 얘기를 하지?', '표정이 감정에 무슨 소용이 있는 걸까?', '감정을 조절할 방법이 있나?', '부정적인 감정에는 어떤 것들이 있고, 또 이를 어떻게 전환하지?' 등등의 질문을 던져보는 것이다.

선생님이 읽을 자료를 나눠주며 숙제를 내주셨다거나 훑어보기 과정 중 각 장 뒷면에서 생각해볼 문제를 발견한 경우, 이를 질문으로 삼아도 좋다. 물론 제목을 질문으로 바꾼다고 다가 아니라 진심으로 물어야 한다. 이러한 질문들을 안고 글을 읽을 때 더 효과적으로 자료를 소화해 흡수할 수 있다.

SQ3R의 3단계는 읽기다.

SQ3R은 주로 정독과 학습에 활용하기 때문에 읽는 시간에 제한을 두지 않는다. 다만 이 단계에서는 건너뛰는 부분 없이 한 장, 한 장 꼼꼼하게 읽으며 2단계에서 한 질문의 답을 찾아야 한다.

글을 읽으면서 중요한 부분은 따로 표시해두어도 좋고, 잘 이해되지 않는 부분이나 주요 내용은 반복해서 읽어도 좋다.

또한 책에 자신이 느낀 바나 의문을 적을 수도 있다.

물론 앞서 소개한 코넬식 노트 필기법을 활용해 읽은 내용을 간략하게 정리해도 좋다. 그러면 4단계를 위한 훌륭한 기초를 마련할 수 있다.

SQ3R의 4단계는 되새기기다.

책의 일부분 또는 전부를 읽고 책을 덮은 다음 어떤 내용이 떠오르는지, 그 내용 사이의 연관성과 핵심을 분명하게 기억하고 있는지 확인해보는 것이다.

2단계에서 작성했던 질문 목록을 활용해 자신이 얼마나 기억하고 있는지를 확인해도 좋다. 잘 생각나지 않는다면 분명히 알 때까지 원문에서 답을 찾아보자.

코넬식 노트 필기법으로 내용을 정리했다면 이를 활용할 수도 있다. 필기 영역을 가린 다음 단서 영역을 보면서 내용을 되짚어보는 것이다. 이때도 잘 생각나지 않는다면 분명히 알 때까지 다시 원문을 읽어보자.

SQ3R의 마지막 5단계는 복습하기다.

망각곡선에 따라 기억이 전부 사라지기 전에 책을 읽으며 얻은 주요 정보들이 단기기억에서 장기기억으로 전환될 때까지(혹은 시험이 끝날 때까지) 여러 번 복습을 통해 기억을 공고히 하는 것이다.

SQ3R은 매우 훌륭한 독서법이자 읽기 습관이다. 물론 처음에는 적응할 시간도 필요할 테고, 소일거리로서의 읽기가 아닌 만큼 약간의 스트레스도 있을 것이다. 그러나 학습에는 바람직한 어려움이 필요한 법 아니던가! 그러니 꼭 익혀야 할 기능이라고 생각하고 시간을 들여 훈련해보자. 그렇게 자꾸 활용하다 보면 익숙해지고, 익숙해지다 보면 어느덧 습관이 되고, 습관이 되면 재미를 느끼며 기꺼이 수고를 감수하게 될 테니까.

문해력은 학습력의 기본기다! 온갖 책을 두루 섭렵하든 시험을 보든 읽기로 중요한 정보를 얻는 것이 그 첫걸음이다. 여기에 시간이라는 차원이 더해지면 같은 시간 안에 유익한 정보를 더 많이 얻을 수 있느냐가 곧 문해력의 차이로, 이는 학습 경쟁력의 중요한 초석이 된다!

옛말에 '책을 만 권 독파하면 글솜씨가 좋아진다(讀書破萬卷, 下筆如有神)'라고 했다. 그러나 우리는 만 권이 아니라 10만 권, 100만 권을 독파해야 하는 시대에 살고 있다. 매일같이 기하급수적으로 늘어나는 정보에 지식도 하루가 다르게 업데이트되고 있기 때문이다. 책이나 온라인상의 글을 하나하나 처음부터 꼼꼼하게 읽는다면 우리의 귀한 시간을 가치 없는 정보에 낭비할 가능성이 크다.

글을 빠르게 읽는 능력뿐만 아니라 유용한 읽기 방법으로 좋은 읽기 습관을 길러야 하는 이유는 이 때문이다. 그래야 넘실대는 정보의 바다에서 원하는 정보를 빠르게 획득해 더 다양한 지식과 경험과 견해를 가질 수 있다.

그동안 읽기 훈련을 해본 적도, 자신만의 읽기 방법을 고민해본 적도 없다면 아마 공부해야 할 양이 그리 많지 않거나 절박함이 없었기 때문일 수 있다. 그렇다면 이 장을 읽고부터 차근차근 훈련해볼 것을 추천한다. 나이를 먹고 학년이 올라갈수록 공부해야 할 것들은 늘고, 시간은 점점 귀해지기 때문이다. 그러니 지금부터라도 앞날을 위해 미리 준비하자!

Chapter 05

최강 복습력:
한정된 시간에 남보다 더 잘 복습하려면

아마 시험이라는 말만 들어도 긴장감이 고조되어 경계 태세를 높이는 학생이 한둘이 아닐 것이다. 그렇다. 시험은 학습의 성과를 가늠하기 위한 도구로, 시험을 본다는 건 평소 충분히 노력했는지 아니면 게으름을 피웠는지, 배운 내용을 정말 이해하고 있는지 아닌지를 점수로 명확히 드러나게 하겠다는 뜻이다.

이 점수는 부모님이나 선생님 앞에서 허리를 꼿꼿이 펼 수 있게도 하고, 구석진 장소를 찾아 숨고 싶게 만들기도 한다. 개인적으로 시험은 지식에 대한 이해와 습득 정도를 점검하는 일로, 앞서 언급한 바와 같이 정보 인출 능력에 대한 테스트라고 생각한다. 한편 사회적으로 시험은 직관적이고 명확한 기준에 대한 필요로 말미암은 일종의 평가 척도이다!

우리는 초등학교에 입학하고부터 대학교에 들어가기까지 많은 시험을 보지만, 사회에 나가서도 기능시험이니 자격시험이니 봐야 할 것들이 줄을 잇는다. 그런 까닭에 시험을 두려워해서는 안 된다.

우리가 해야 할 일은 어떻게 하면 시험에 맞는 방식으로 시험을 대비해 좋은 성적을 낼지 그 답을 찾는 것이다. 그런 의미에서 이번 장에서는 시험 준비를 잘하는 방법을 공유하고자 한다.

시험 전 독서 휴가

하버드 재학 시절, 학교에는 시험과 관련한 오랜 전통이 있었다. 바로 한 학기가 끝날 무렵마다 학생들에게 '리딩 피리어드(Reading Period)'라는 짧은 휴가가 주어지는 것이었다. 'Reading Period'는 기말고사를 보기 전 7~10일 정도였는데, 우리말로 하자면 독서 휴가쯤이라고 할 수 있겠다.

어쨌든 이 일주일 남짓한 시간 동안에는 따로 수업이 없어서 학생들은 각자 복습하며 시험을 준비할 수 있었다. 그러나 교수는 이 기간에도 정상 출근해야 했다. 그랬기에 복습하다 궁금한 점이나 모르는 부분이 있으면 교수님을 찾아가 물어볼 수 있었다.

엄밀히 말하면 독서 휴가는 학생들이 시험공부에 전념해 해당 학기에 배운 내용을 온전히 자기 것으로 만들고 나아가 좋은 성적을 거둘 수 있도록 한 학교 측의 배려인 셈이었다.

그런데 실제 상황은 어땠을까?

독서 휴가가 시작되자마자 모두가 미친 듯이 즐겼다! 학생 기숙사 곳곳에서 다양한 모임과 파티가 열리는 통에 캠퍼스 전체가 떠들썩했다. 곧바로 복습을 시작하는 학생은 손에 꼽힐 정도였달까!

이런 상황은 독서 휴가가 사흘 남을 때까지 계속되었다. 그러다 갑자기 학교가 쥐 죽은 듯 조용해지면서 밤늦도록 모든 도서관의 불빛이 꺼지지 않았다. 다들 복습에 열을 올리기 시작한 것이었는데, 이때는 내로라하는 공부 천재들도 복습에 여념이 없었다.

그렇게 사흘을 밤낮없이 공부하다가 시험 기간 시작 하루 전, 자정이 되면 학생들은 기숙사의 모든 창문을 열어젖히고는 일제히 창밖으로 머리를 내밀고 캠퍼스 밖을 향해 소리를 질러댔다. 이 역시 '원초적 절규(Primal Scream)'라는 하버드의 전통이었다.

더 믿기 어려운 사실은 많은 학생이 옷을 벗어 던진 채 캠퍼스를 질주했다는 것이다! 겨울이면 실외 기온이 영하라는 뜻인데, 그런 날씨에 알몸 질주라니 이 얼마나 말도 안 되는 광경인가! 그런데 왜 하버드에 입학한 공부 천재들도 시험을 앞두고 벼락치기하는 건 마찬가지일까? 여기에는 무슨 비밀이라도 있는 걸까?

이 얘기는 뜸을 좀 들였다가 나중에 다시 하기로 하고, 일단 복습에 관해 얘기해보자.

어떻게 복습해야 하는가에 대해서는 앞에서도 간혹 언급했지만, 본격적으로 복습에 대해 다루자면 역시 '반복'의 중요성을 빼놓을 수 없다. 그렇다면 반복 외에 또 어떤 기술이 필요할까?

먼저 선택식 문제를 하나 풀어보자.

파리로 여행 가게 된 당신! 세 가이드 중 한 명을 선택해 하루 동안 투어를 할 수 있게 되었다. 다음 중 누구를 선택하겠는가?

가이드 A: 호텔에 체크인하시고 함께 호텔 근처를 둘러보실 게요. 구체적인 일정은 상황을 봐가며 되는대로 정하기로 하고, 기념품 쇼핑도 자유롭게 하시고, 그런 다음 다시 돌아오는 걸로 하죠.

가이드 B: 투어버스를 타고 이동하실 거예요. 각 포인트에 도착할 때마다 내려서 사진 몇 장 찍으시고 다음 장소로 이동하는 일정이에요.

가이드 C: 파리는 프랑스의 수도로 문화명소가 많은데, 오늘은 제가 에펠탑, 개선문, 루브르궁 등 파리의 유명한 랜드마크로 안내해드릴게요. 그리고 유명한 카페가 즐비한 센강 좌안 지역에도 가볼 예정이에요. 이곳들을 둘러보지 않고는 파리에 왔다고 할 수 없죠. 그만큼 중요하고 유명한 곳들만 골랐으니 함께

둘러보시죠. 제가 역사적인 키포인트라든가 재미있는 이야기도 해드릴게요.

자, 어떤 가이드가 당신의 파리 여행을 더 알차게 만들어줄 것 같은가? 당연히 가이드 C일 것이다. 어디를 갈지, 왜 그곳에 가야 하는지, 또 이를 통해 무엇을 얻을지 등을 미리 알려준 것으로 미루어보아 당신의 이번 파리 여행을 그저 겉핥기가 아닌 인생 경험으로 만들어줄 것이라 예상할 수 있기 때문이다.

복습도 마찬가지다. 수업을 듣고, 책을 읽더라도 자신이 뭘 배워야 하는지, 뭐가 중요한 내용인지를 모르면 그 수업과 책은 그저 당신의 눈과 귀를 스치고 지나갈 뿐이다.

시험 전은 더 말할 것도 없다. 한 학기 동안 쌓인 복습 자료를 마주하는 일은 마치 지식 창고에 발을 들이는 것과 같다. 그런데 전부 다 중요한 것 같다거나 애초에 뭐가 중요한지를 당최 모르겠다면 어떻게 하겠는가? 가이드 A처럼 상황을 봐가며 되는대로 운에 맡길 텐가? 아니면 가이드 B처럼 겉핥기식으로 교재를 처음부터 끝까지 훑어볼 텐가?

복습을 지식으로 가는 여행이라고 간주한다면 복습 전에 무엇이 중요한 내용인지, 무엇을 우선으로 학습해야 하는지, 또 무엇이 시험의 핵심인지를 반드시 알고 있어야 한다. 그래야 과녁을 보고 활을 쏘듯 시험 준비를 더 잘할 수 있다. 굳이 시험을 위해서가 아니더라도 마찬가지다. 정보가 넘쳐나는 요즘 세상에서는 어떻게 해야 중요한 정보를 확보할지 알고 있어야 한다. 그래야 시간만 낭비하고 제대로 된 성과를 거두지 못하는 상황을 피해 갈 수 있다.

복습 요점 명확히 하기

제대로 복습하기 위한 간단한 방법을 소개하자면 두 가지가 있다.

하나는 교수요목(敎授要目) 또는 목차를 보는 습관을 들이는 것이다.

교재나 복습 자료를 받았을 때 당신이 목차부터 살피는 타입인지 아닌지는 모르겠지만, 적어도 내가 아는 젊은이 중 목차를 볼 줄 아는 사람은 거의 없다. 심지어 나도 예전에는 가볍게 목차를 건너뛰었다. 그러나 나의 옛 룸메이트 조처럼 진정한 공부의 신은 아주 꼼꼼하게 목차를 연구한다.

목차는 단순히 색인의 편의를 위해서만이 아니라 실은 각 장에서 가장 중요한 지식점을 간추리기 위해 존재하기 때문이다. 특히 교과서가 그렇다. 생각해보라. 자신이 교재의 집필

자라면 어떻게 목차를 쓰겠는가? 어쩌면 교과서 구석구석에 여러 지식이 담겨 있고 또 이것들이 모두 중요해 보일지는 모르지만, 한 가지 분명한 사실은 교과서 목차에 들어간 키워드가 가장 중요하다는 것이다.

그런 까닭에 복습할 때는 목차부터 살펴야 한다! 목차만 봐도 자신이 중점적으로 공부해야 할 내용이 무엇인지를 알 수 있다. 게다가 이는 시험문제의 주요 출처이기도 하다. 왜냐? 시험에서는 주요 지식을 묻지, 주변 정보를 묻지 않기 때문이다. 그러니 목차를 이해하는 데 공을 들여보라. 그러면 복습 준비의 목적성과 효율이 크게 상승할 것이다.

다른 하나는 선생님께 질문하는 습관을 들이는 것이다.

교수요목이나 목차를 살핀 후 잘 이해되지 않는 부분이 있다면 선생님께 물어보는 것이 문제를 해결하는 가장 빠른 방법이다. 그렇다면 선생님께 어떻게 질문해야 할까?

"선생님, 이번 기말고사 시험 범위가 어떻게 되나요?"

이 질문에 아마 선생님은 십중팔구 이렇게 대답할 것이다.

"기말고사면 우리가 이번 학기에 배운 부분이 전부 범위에 들어가지!"

그러나 좀 더 가치 있는 정보를 얻으려면 이렇게 질문해야 한다.

"선생님, 이번 학기 수업에서 저희가 꼭 이해하고 학습해야 할 주안점이 뭔가요?"

앞선 질문과 별반 다를 것 없어 보이지만, 사실 여기에는 매우 큰 차이가 있다.

선생님은 교육부에서 정한 커리큘럼에 따라 수업을 진행하는데, 거기에는 학생들이 해당 학기에 반드시 습득해야 할 지식과 능력이 명시되어 있기 때문이다. 우리는 선생님이 그저 교과서에 따라 수업을 진행한다고 생각하지만, 사실 수업 내용에는 교재를 만들고 정한 사람들이 학생들에게 습득을 요구하는 명확한 학습 포인트가 포함되어 있다. 선생님은 이를 자신만의 방식으로 학생들에게 가르치는 역할을 하는 것이다.

그렇기에 학생이 이렇게 질문하면 선생님은 해당 학기의 핵심 지식점에는 어떤 것들이 있는지를 알려줄 가능성이 크다.

이렇게 한 학기 수업의 핵심을 파악하고, 그 골자를 알아야 사소한 주변 지식도 연결할 수 있다. 머릿속에 골자가 없으면 지도도 나침반도 없이 낯선 도시에 들어선 듯 어디로 가야 할지도 모른 채 그저 행운을 바라며 마냥 걸을 수밖에 없다.

복습도 마찬가지다. 요점을 모르면 그저 책을 펼쳐놓고 그 속의 글자 무더기와 개념 폭탄 앞에서 '외우면 잊어버리고, 잊어버리면 또 외우기'를 반복하는 굴레에 빠지기 쉽다. 자신의 복습 진도가 어느 정도인지 확신하지도 못하고, 시험에 필요한 게 무엇인지도 모른 채 무한 복습이라는 고통 속에서 허덕이게 되는 것이다.

어떤 내용을
제대로 파악하지 못했는지
테스트하기

중점적으로 복습해야 할 내용이 무엇인지 알았다면 그다음
으로 해야 할 일은 무엇일까? 요점 목록에 따라 하나하나 기
계적으로 읽고 외우면 될까?

우리가 흔히 이해하는 복습은 이런 형태지만 앞서도 말했
듯 이런 방식은 그리 효율적이지 못할뿐더러 '익숙함의 착각'
이라는 함정에 빠지기 쉽다.

여행할 때 우리는 목적지에 어떤 랜드마크가 있는지 알아
본 후, 어떻게 해야 순조롭게 그곳에 도착할 수 있는지를 확인
한다. 그래서 교통편이 모호하거나 랜드마크 간의 거리가 먼
경우에는 여행 동선을 최적화할 방법을 찾고자 노력한다.

같은 맥락이다. 복습을 시작할 때 우리가 해야 할 일은 자신
이 파악한 요점 중에서 이미 확실히 습득한 내용과 알쏭달쏭

한 내용, 그리고 전혀 이해하지 못한 내용이 무엇인지를 점검하는 것이다.

자신이 뭘 알고, 뭘 모르는지를 알아야 자신에게 맞는 복습 계획과 시간을 정할 수 있기 때문이다. 일반적으로 자주 사용하는 점검 방법에는 네 가지가 있다.

첫째, 코넬식 노트 필기법을 사용했다면 단서 영역을 활용해 관련 지식을 떠올려보는 것이다. 기억나지 않는 부분은 다시 책을 보며 공부하는 방식으로, 아는 것과 모르는 것을 체크할 수 있다.

둘째, 마인드맵을 활용해 목차 속 키워드를 중심으로 이와 연계된 지식점과 개념 등을 하나의 커다란 마인드맵으로 그려내는 것이다. 물론 이 중에는 알쏭달쏭한 내용과 기억나지 않는 부분이 있을 텐데, 그런 내용이 바로 중점적으로 복습해야 할 부분이다.

셋째, 다시 구술해보는 방법으로, 각각의 중점을 자기 언어로 유창하게 표현할 수 있는지 확인하는 것이다. 그럴 수 없다면 이는 해당 지식에 대한 맹점이 있다는 뜻이다. 재(再)구술 방법에는 상세 질문법과 파인만 학습법이 있는데, 이는 뒤에서 다시 소개할 것이다.

넷째, 시험도 일종의 점검 방법이 될 수 있다. 복습할 내용이 담긴 시험지나 지난 기출문제, 또는 책 뒤에 실린 방과 후 복습문제 등을 활용해 자신이 어느 정도 알고 있는지를 점검해보는 것이다.

이렇게 한 번 점검하고 나면 완벽히 이해한 부분과 중점적으로 복습해야 할 부분이 무엇인지를 파악해 시간을 절약할 수 있음은 물론 복습 효율도 크게 높일 수 있다. 게다가 점검 자체도 일종의 정보 인출이기에 학습한 지식을 보강하고 기억력을 증진하는 효과까지 볼 수 있다.

복습 계획 세우기

중점적으로 복습해야 할 내용을 파악하고, 제대로 습득하지 못한 부분도 확인했다면 그다음은 복습 계획을 세울 차례다. 이는 시간의 관리와 사용에 관련된 부분이기도 한데, 특히 시험을 앞둔 상황이라면 이 단계가 중요하다. 미리미리 여유를 가지고 복습하는 타입이 아니고서야 복습할 시간이 그리 충분치 않을 테니까.

우리 모두에게는 하루 24시간이라는 시간이 주어진다. 그러나 막상 복습을 시작하면 시간이 생각과는 또 다름을 알게 될 것이다. 배웠던 지식을 모두 복습하려니 마음이 조급하긴 한데, 배달 음식을 주문하거나 간식을 먹거나 숏폼(Short-Form) 영상 시청 정도는 할 시간이 되는 것 같기도 할 테니까.

게다가 아직 시간이 있다는 생각에 처음엔 '열공' 모드로

전환하지 못하고 이거 했다, 저거 했다 설렁설렁 복습에 임할 것이다. '파킨슨의 법칙'에 맞닥뜨리기 전까지 말이다.

'파킨슨의 법칙(Parkinson's Law)'은 영국의 역사학자 시릴 노스코트 파킨슨(Cyril Northcote Parkinson)이 〈이코노미스트〉에 기고한 글에서 유래했다. 그는 다년간 정부기관 등 관료조직의 업무 행태를 관찰해 흔히 나타나는 현상이 있음을 발견했다. 바로 어떤 일이든 주어진 시간이 모두 소진될 때까지 늘어지는 현상을 보인다는 것이다.

어떤 업무를 할당하면서 두 시간 안에 완료하라는 지시를 내리면 담당자는 어떻게든 시간 안에 업무를 끝냈다. 그런데 같은 업무를 할당하면서 2주의 시간을 주자 담당자는 그 시간을 최대한 활용해 일을 끝냈다. 똑같은 업무인데도 마치 2주의 시간을 꽉 채울 만큼 일이 늘어난 것처럼 말이다. 왜일까? 주어진 시간이 길어지자 중요하지도 않은 사소한 일들이 끼어들면서 바빠 보이기는 하지만 실은 매우 비효율적인 '파킨슨의 법칙'이 작동하기 시작했기 때문이다.

자, 이제 하버드대생들이 왜 독서 휴가 초반엔 유유자적 즐기다가 막판에 가서야 밤새 시험 준비를 하는지 알겠는가? 아무리 공붓벌레라도 '파킨슨의 법칙'을 피하기란 어려운 법이다.

그런 까닭에 복습 계획을 세울 때는 자신한테 좀 더 모질게 굴 필요가 있다. 자신에게 시간을 적게 주는 것이 오히려 효율을 높일 수 있으니까.

'일을 시작하기 전 10%의 시간을 들여 먼저 계획을 세운다면 나머지 90%의 시간 효율을 대폭 끌어올릴 수 있다.'

이는 내가 존경하는 비즈니스 컨설턴트 브라이언 트레이시(Brian Tracy)의 말이다. 나는 이를 믿어 의심치 않는다. 나의 옛 룸메이트 조도 기말고사 준비를 시작하기 전엔 나처럼 초조해하기도 하고, 온갖 책을 읽기도 했다. 그러나 마음먹고 시험 준비를 시작하면 자신의 복습 계획부터 세웠다.

그는 말했다.

"이 과목은 네 시간 안에 시험 준비를 끝내야지."

놀란 나는 말했다.

"장난해? 난 삼 일 걸렸어! 매일 최소한 열두 시간씩 삼십육 시간. 그런데 너는 네 시간 만에 그게 가능하다고?"

"솔직히 삼십육 시간 중에 대부분은 허비하게 되지 않았어? 한 시간 반 정도 집중하면 그 이후부터는 효율이 떨어지잖아. 그러니까 난 네 시간이면 가능해!"

"그래서 어떻게 할 건데?"

조는 이렇게 시간을 안배했다.

먼저 시간별로 자신이 중점적으로 공부해야 할 부분과 목표를 세웠다. 시간 안에 자신이 무엇을 학습해야 하는지, 어느 장의 개념을 복습할 것인지를 정한 것이다.

그런 다음 자신이 그 내용에 대해 얼마만큼 이해하고 있는지를 테스트했다. 한 학기 동안 열심히 수업을 들었으니 이미 기본적인 개념은 잡혀 있다는 전제하에 자신이 이를 모두 명확하게 설명할 수 있는지, 또 요점의 인과관계를 완벽하게 설명할 수 있는지를 확인한 것이다. 이게 가능하다면 해당 장을 복습하는 데 시간을 덜 써도 괜찮다는 의미로 받아들였고, 막히는 부분이 있다면 다시 교재로 돌아가 자료를 찾는 식이었다.

조는 이 작업을 하는 데 복습 시간 대부분을 사용했다. 그리고 테스트를 마친 후에는 특별한 명사나 세부 내용을 체크했다. 이는 대학생들에게 특히 중요한 작업인데 대학의 시험은 개념을 묻는 문제가 대부분이지, 단순히 몇몇 지식을 외워 답할 문제가 적기 때문이다. 즉, 모든 정보와 지식을 개념이라는 큰 틀 안에서 이해하고 설명할 줄 알아야 한다.

어쨌든 이를 마치고 나면 조는 지난 기출문제를 연구했다.

매년 출제된 문제는 달라도 핵심 개념은 크게 다르지 않아서 지난 기출문제를 구하기만 하면 적은 시간을 들여 시험의 요점을 파악하고, 빠르게 복습할 수 있었기 때문이다.

복습 준비를 위해 필요한 3가지

그는 이처럼 간단히 한 시간씩 시간을 나눠 빠르게 복습했다. 그리고 시간마다 조금 전의 시간을 잘 활용했는지 점검하는 일도 잊지 않았다. 애초에 세운 목표를 달성했느냐를 살피고, 이를 달성하지 못했다면 어떻게 다시 시간을 분배할지 고민했다. 이렇게 조는 빠르고 효율적으로 복습을 마쳤다.

시간이 충분하다고 해서 더 효율적으로 복습할 수 있는 것은 아니다. 계획이 있어야 중요한 일에 시간을 쓸 수 있는 법이다. 게다가 자신의 게으름과 '미루기병'에도 맞서야 하며, 친구들과 놀고 싶다는 유혹도, 맛있는 간식도 뿌리쳐야 한다.

자기 말로 바꿔 말하는 능력

<hr/>

　사실, 지식의 핵심을 제대로 이해하고 있는지 점검하는 것은 자신의 머릿속에서 지식을 원활히 인출할 수 있는지를 살피는 일이다. 이 과정에서 사람들은 흔히 '익숙함의 착각' 오류에 빠진다.

　책이나 기출문제 혹은 오답 노트를 펼쳤을 때 보자마자 그 안의 내용이 대충 떠오르기 때문이다. 이미 배웠거나 복습했던 내용이라 문장의 첫 단락만 봐도 다음 단락의 내용을 알 것 같고, 문제만 봐도 그 답이 C였다는 사실이 떠오르는 것이다. 하지만 그렇다고 그 안의 지식을 정말 습득한 걸까? 아니면 그저 표면적인 인상이 남아 있는 것뿐일까?

　시험장에 도착해 자신에게 익숙한 방식이 아닌 전혀 다른 방식으로 나열된 시험문제를 접해도 그것들이 어떤 지식점에서 비롯된 문제인지, 서로 어떤 관계가 있는지 알 수 있겠는가?

따라서 점검을 진행할 때는 얼렁뚱땅 자신을 속이지 말고 진짜로 임해야 한다.

내가 추천하는 점검 방법은 '상세 질문법'과 '파인만 학습법' 이렇게 두 가지인데, 이는 점검 방법이자 학습 방법이기도 하다.

1. 상세 질문법

이는 보통 하나의 질문이나 개념에서 출발해 다른 관련 문제로 가지를 뻗어나가고, 여기서 또다시 질문을 던져 심층적으로 파고듦으로써 끝내 하나의 논리와 질서를 가진 지식의 틀을 만들어내는 방법이다.

쉽게 말하면 '왜?'를 입에 달고 살며 부모님께 이것저것을 캐물었던 어린 시절처럼만 하면 된다. '비는 왜 내리는 걸까?', '왜 비가 오면 천둥이 치는 거지?', '천둥이 칠 땐 왜 번개가 치는 걸까?' 등등 꼬리에 꼬리를 무는 질문으로 수동적인 지식 입력을 주동적인 질문으로 바꾸는 것이다. 이 방법의 장점은 자신의 논리로 지식을 연결할 수 있다는 것이다. 또한 우리의 일반적인 사물 인지 법칙에도 부합해 자신의 지식적 맹점을 신속히 찾아낼 수 있다.

예컨대 1930년대의 경제 대공황에 대해 복습하려 한다면 '무엇이 대공황을 초래했는가?'라는 질문에서부터 시작할 수 있다. 그럼 1929년의 주식시장 붕괴와 수천 개 은행의 줄도산, 유럽의 높은 수입 관세, 극심한 가뭄으로 말미암은 농업 불황 등 결정적인 사건들을 찾을 수 있을 것이다.

계속해서 '당시 주식시장이 붕괴한 이유는 무엇인가?'라는 질문을 던져 레버리지(Leverage)를 이용한 투기 붐, 영국 증시 폭락, 마진콜 발생 등이 주식시장의 붕괴를 불러왔다는 답을 얻을 수 있다.

그러면 여기서 또 한 단계 나아가 '레버리지 거래(일명 마진론(Margin Loan), 차익 대출)란 무엇인가?', '레버리지 거래는 왜 문제가 되었는가?' 등의 질문을 던져보는 것이다.

이렇게 계속 질문을 이어가는 과정에서 답이 막히거나 다음 단계로 나아갈 수 없는 부분이 나온다면 그것이 바로 당신의 지식적 맹점이며, 이때는 자료에서 그 답을 찾아야 한다.

이 모든 문제에 답할 수 있다면 경제 대공황에 대한 전반적 내용뿐만 아니라 각 단계를 촉진한 사건들과 중요 시점, 영향을 미친 요소들에 대해서도 거시적이고 명확하게 인식하는 자신을 발견할 것이다. 그리고 이러한 인식들은 하나의 완전한 논리로 자리 잡을 테고 말이다.

핵심 문제를 중심으로 뻗어나간 모든 질문을 잘 정리해 그 답을 찾으면 각 문제 사이의 관계와 서로 간의 영향을 파악할 수 있고, 이로써 자신의 머릿속에 지식의 흐름도가 펼쳐진다. 어떤 각도에서 지식 습득 수준을 점검해도 해당 시스템에서 그에 맞는 지식을 인출해 답할 수 있게 되는 것이다.

상세 질문법은 거의 모든 분야의 지식을 학습하는 데 활용할 수 있으며, 마인드맵과 함께 사용할 수도 있다. 이 경우 시각적인 방식으로 지식이 어떻게 연결되는지를 좀 더 명확하게 확인할 수 있어서 기억하고 습득하기가 쉬워진다.

2. 파인만 학습법

저명한 물리학자이자 노벨 물리학상 수상자인 리처드 파인만(Richard Feynman)이 역설한 학습법으로 파인만 기법이라고도 한다. 이 파인만 학습법은 4단계로 나뉜다.

1단계, 학습할 지식점이나 이해하고자 하는 개념을 선택한다.

2단계, 다른 사람을 가르친다 가정하고 지식점을 설명해본다. 이 단계에서 주의할 점은 교재에 적힌 내용을 외우거나 그대로 구술하지 말고 자기 말로 바꿔 설명해야 한다는 것이다. 어느 수준의 난이도로 설명해야 할지 모르겠다면 지금 자신 앞에 두 학년 정도 아래인 친구가 있다고 생각한 다음, 그의 이해력을 고려해 명확히 지식점을 설명할 수 있는지 확인한다.

3단계, 설명 중에 자신도 모르는 부분이나 설명하기 어려운 부분, 막히는 부분이 있게 마련인데 이때는 교재나 참고 자료를 확인해 해당 부분을 막힘없이 설명할 수 있을 때까지 다시 공부한다.

4단계, 앞의 3단계를 모두 마쳤다면 자신만의 언어로 지식점들을 전반적으로 정리해본다. 가능한 한 간단하고 조리 있게 정리하되, 그 어떤 서면 표현도 카피하지 않고 자신의 논리를 편다.

이를 모두 해내면 해당 지식점을 완벽히 습득했다는 뜻이다. 수업 장면을 상상하는 게 조금 어색하다면 글을 쓰는 방식으로 대체해도 좋다. 선생님이 수업 전 준비를 하듯 조리 있고 요점이 확실한 강의 스크립트를 작성해보는 것이다.

물론 한 명 또는 몇 명의 공부 파트너가 있다면 금상첨화다. 파인만 학습법을 활용할 때 실제 피드백이 더 잘 이루어질 수 있기 때문이다. 이 경우 모두가 꼭 같은 과목을 복습할 필요는 없다. 누군가는 역사를, 누군가는 국어를, 또 누군가는 물리를 복습해 시간을 정해놓고 각자 몇 분씩 서로에게 자신이 공부한 내용을 설명해주면 된다.

이렇게 하면 실제 대상을 두고 설명하는 만큼 즉각적인 피드백을 받아 자신의 학습 효과를 확인할 수 있을 뿐만 아니라 짧은 시간 안에 다른 과목의 요점까지 이해할 수 있다는 장점이 있다. 또한 모둠으로 학습을 진행하기 때문에 서로 응원하고 격려해가며 다 함께 긍정적인 마인드를 가질 수 있다.

예컨대 지금까지 이 책의 다섯 장을 읽었으니 다섯 명이 한 모둠이 되어 각각 한 장의 복습을 담당해보는 것도 한 방법이다. 각자 맡은 장의 내용을 충분히 소화한 후 다른 친구들에게 자기 말로 설명해보는 것이다. 이때 다른 친구들은 질문을 통해 자신이 잘 이해하지 못한 부분을 짚고 넘어갈 수 있는데, 이렇게 하다 보면 어느새 전반적인 내용을 빠르게 이해하고 상호 간 학습 효과까지 강화할 수 있을 것이다.

참고로 하버드에서 심리학 공부를 시작했을 때 내게는 심리학도라면 반드시 알아야 할 위대한 심리학자들 정보와 그들의 주장 관련 자료가 그야말로 산더미처럼 주어졌다. 아마 그냥 책만 읽었다면 내용을 혼동하기 일쑤였을 것이다. 심리학자마다 각자의 학파와 사상이 있는 만큼 그 내용 또한 무척 방대했으니까. 그런데 어떻게 이 난관을 극복했느냐?

바로 역할극(Role Playing)을 활용해서였다. 나와 내 친구들은 각자 다른 심리학자 역할을 맡아 해당 학자의 심리학적 개념부터 파악했다. 그런 다음 서로 대화를 나눴는데, 의외로 이 방법은 효과가 상당했다.

예를 들면 시조급의 심리학자 역할을 맡은 한 친구가 "모든 인간의 심리는 세 갈래로 나뉘는데 이는 각각 ○○○이오"라고 말하면, 그 시조급 심리학자의 제자였으나 훗날 스승을 떠나 다른 학파를 설립한 심리학자가 "아닙니다. 제 생각에는

○○○입니다"라고 반박했다. 그러면 또 다른 심리학의 대가가 "두 분은 지금 ○○○ 얘기를 하고 있는데, 이제 그것은 중요하지 않습니다. 중요한 건 ○○○이지요"라고 얘기하는 식이었다.

이렇게 역할극을 활용한 공부법은 매우 생동감이 있었다. 무엇보다 하나의 의제를 던지면 다양한 학파의 시선에서 토론이 이루어져 더는 무미건조하게 책을 읽고, 개념을 외우고, 필기할 필요 없이 입체적으로 생생하게 지식을 이해할 수 있었다.

그러고 보니 고등학교 시절 미국 근대사 시간에 베트남 전쟁에 대해 배웠을 때가 생각난다. 당시 선생님은 다양한 방식으로 수업을 진행했는데, 그때도 반 친구들이 두 그룹으로 나뉘어 한 그룹은 미국 정부의 역할을, 다른 한 그룹은 전쟁을 반대하는 젊은 학생들의 역할을 맡아 한바탕 토론 대회를 벌였다.

이 과정에서 학생들은 두 그룹 모두 각자의 주장에 일리가 있음을 발견했다. 각자의 출발점에서 고려하면 모두 옳은 입장이었고, 양쪽 모두 부득이한 결정이었음을 깨닫게 된 것이다. 그 덕분에 이후 다시 관련 역사 자료를 보게 되었을 때는 좀 더 포괄적인 시각으로 문제를 바라볼 수 있었고, 좀 더 선명하게 역사를 기억할 수 있었다.

말이 나온 김에 여담을 덧붙이자면, 나는 교육의 역할이 아직 많다고 생각한다. 과거 소크라테스와 아리스토텔레스가 활동하던 고대 그리스나 공자가 활동하던 중국 서당의 교육과정은 사실 모두 대화와 사변이 주를 이뤘다.

지금처럼 선생님 한 명이 동시에 여러 학생을 상대로 강의하면 학생은 이를 흡수하고, 선생님은 다시 시험을 담당하는 이런 수업의 개념은 근대에 들어 생겨난 것이다. 그러나 나는 대화를 통해, 또 다양한 활용 방식을 통해 지식을 이해하는 것이야말로 최고의 학습법이라고 생각한다. 그렇지 않으면 지식은 그저 시험용에 그쳐 산발적인 명사로, 공식으로, 개념으로 변질해 배운 적이 있었다는 인상만 남게 될 것이다.

실제로 나는 이런 경험을 한 적이 있다.

20여 년 전 내가 대학에 다닐 때였다. 당시 백패킹에 빠져 있던 나는 다른 친구 한 명과 함께 인도네시아의 발리섬으로 여행을 떠났다. 그 시절 발리는 지금처럼 시설이 잘 갖춰진 휴양지가 아니라 원시 형태에 가까웠다. 좀 더 직접적으로 표현하자면 황량하다는 말이 더 어울렸달까?

우리는 어느 산기슭에서 자전거를 빌렸다. 자전거를 타고 높은 산에 올라가 그곳에 난 도로를 따라 다시 산 아래로 질주하며 짜릿함을 즐길 요량이었다. 그런데 예상치 못한 일이 벌어졌다. 계획한 루트로 절반 정도 이동했을 즈음 갑자기 폭우가 내리기 시작한 것이었다. 빗물이 넘쳐나는 길을 가기에 자전거 바퀴는 너무 미끄러웠고, 결국 나와 친구 모두 넘어지고 말았다.

우리는 어쩔 수 없이 도로 옆 샛길을 따라 계속 자전거를 몰았고, 그렇게 진창길을 따라 달리다 보니 작은 마을들을 지나게 되었다. 마을의 아이들은 자전거를 타고 지나가는 두 외국인이 신기했는지, 맨발로 뛰어나와 호기심 가득한 눈빛으로 우리를 바라보았다. 어떤 아이들은 우리의 뒤를 한참 따라오기도 했다.

그러나 우리에게는 여유를 부릴 시간이 없었다. 곧 날이 저물 텐데 우리는 길을 잃은 상태였고, 그때는 스마트폰에 GPS 기능도 없었으니까. 사방은 온통 진흙탕에 말도 통하지 않아 당시엔 정말이지 앞이 막막했다.

그래도 다행인 건 가방 안에 배낭여행객의 필수품 〈론리플래닛〉이 있다는 사실을 떠올렸다는 점이다. 나는 서둘러 이

잡지를 꺼내 현지 상용어가 실려 있는 마지막 페이지를 펼치고는 마을 주민에게 다가가 잡지에 적혀 있는 대로 길을 물었고, 그들은 우리에게 방향을 알려주었다.

우리는 고맙다는 인사를 하고 다시 자전거로 내달렸다. 가다가 길이 없으면 다시 멈춰서서 주민에게 묻기를 여러 번 반복한 끝에 우리는 드디어 숙소로 돌아올 수 있었다. 밤 10시가 훌쩍 넘은 시간에 비를 쫄딱 맞은 채 오들오들 떨면서 말이다.

이게 벌써 20년도 더 된 일이지만 인도네시아어로 길을 묻는 표현만큼은 아직도 생생히 기억난다. 그리고 아마 평생 잊지 못할 것이다. 생사가 달린 순간에 얻은 매우 중요한 정보로, 이미 내 머릿속에 깊이 각인되었기 때문이다.

학습은 매우 중요하다. 누구도 학습의 의미를 부정할 수는 없다. 그러나 무엇을 반드시 배워야 하느냐를 따진다면 그건 두말할 것 없이 우리의 생존과 삶에 밀접하게 연관된 지식이다.

이러한 지식은 우리의 삶과 직결되기에 배우고 나서도 쉽게 잊히지 않는다. 문제는 우리가 평소에 배우는 것 중에서 무엇이 중요하고, 무엇이 중요하지 않은지 구분할 능력이 있느냐다.

어쩌면 공부하려는 것이 대부분 중요하지 않거나 특정 단계에만 중요하고 다른 단계에는 별로 중요하지 않을 수도 있다. 공부하기에 앞서 우리가 왜 그것을 배워야 하는지, 목표가 무엇인지를 분명히 해야 한다고 말하는 이유는 바로 이 때문이다.

예컨대 외국어와 다른 나라의 문화를 학습하는 이유가 해외여행을 좀 더 편하게 하기 위해서라면 시험을 준비하듯 공부할 것이 아니라 회화책이나 간편 안내서를 찾아봐야 한다.

한편 학습의 목적이 시험에 있다면 무엇을 공부하고, 습득해야 좋은 성적을 거둘지를 알아야 한다. 장래에 화학자나 의사가 되기를 꿈꾼다면 생물과 화학 등의 과목을 공부하는 데 좀 더 공을 들여야 한다.

요컨대 정말 효율적인 학습법을 원한다면 무엇이 중요한지를 알고, 이에 따라 우선순위를 구분해 취사선택할 줄 알아야 한다.

정말 중요한 일을 찾았을 때 비로소 자신이 들인 시간과 에너지에 가치가 생기고, 꼭 해야 할 일을 할 때(You just do what you gotta do) 그 노력에 대한 충분한 보상을 받을 수 있다!

Chapter 06

미루기병 퇴치하기:
자제력이 없으면 능률이 반토막 난다

사람 대부분은 일을 미루는 버릇을 가지고 있다. 나 역시 예외는 아니다.

특히 고등학생 때는 미루기 버릇이 거의 절정에 달했었다. 학업 부담도 크고, 해야 할 활동도 많다 보니 어느 때는 정말 눈코 뜰 새 없이 바빴는데, 그래서인지 어떤 일을 하고도 제대로 하지 못했다는 걱정에 묘한 심리가 생겼다. 해야 할 일임을 분명히 알고 있으면서도 그냥 하기가 싫어진 것이다. 그래서 꼭 발등에 불이 떨어져야 어쩔 수 없이 부랴부랴 일을 끝내곤 했다.

그런데 아마 요즘 학생들은 이런 미루기병이 더 심해지지 않았을까 싶다. 왜냐?

스마트폰 때문이다.

손가락으로 터치 몇 번, 스와이프 몇 번으로 스마트폰 화면을 통해 전 세계에서 벌어지는 재미난 사건들을 확인하는 순간 학습 흐름을 놓치고 한눈파는 건 일도 아니게 되었으니까. 그러니 자꾸 해야 할 일이 밀리고, 짜놓은 시간표와 학습 계획이 엉망이 될 수밖에!

자, 이런 상황을 한번 상상해보자.

여름 방학식 날, 선생님이 숙제를 내주시며 말했다.

"여러분, 두 달간의 방학 동안 책 세 권을 읽고 독후감을 작성해 제출해주세요."

당신은 교실을 나서며 속으로 계산해보았다.

'두 달이면 시간은 충분하지. 일주일이면 책 한 권은 다 읽으니까 주말에 독후감을 쓴다고 치고, 총 삼 주면 끝내겠네. 그럼 나머지 시간은 완전 자유다!'

그런데 이상이야 아름답지만, 현실은 어떨까?

방학 첫날, 당신은 책을 펼쳤다. 하지만 몇 페이지를 읽다가 아직 깨지 못한 컴퓨터 게임이 문득 생각났고, 이내 책을 미뤄두고는 컴퓨터를 켰다. 결국 온종일 게임을 하며 보냈지만 불안함은 없었다. 이제 겨우 첫날 아닌가!

둘째 날, 당신은 다시 책을 집어 들었다. 그런데 엄마가 방에 들어오시더니 함께 쇼핑하러 가자고 하셨다. 그렇게 외출하고는 저녁이 되어서야 집으로 돌아왔다.

셋째 날, '책은 내일 읽자. 어차피 방학이니 남아도는 게 시간이 잖아?'라고 생각했다.

넷째 날, 친구가 함께 축구를 하자고 불러서 한바탕 뛰고 왔다. 집에 돌아오니 피로가 몰려와 책 읽기는 건너뛰기로 했다.

다섯째 날, 여섯째 날, 일곱째 날……. 그렇게 한 달이 지났다. 아직 첫 번째 책도 1/3밖에 보지 못했다. 하지만 괜찮다. 아직 한 달이 더 남아 있지 않은가?

그러나 개학을 일주일 앞두고서야 당신은 첫 번째 책도 아직 다 읽지 못한 자신을 발견했다. 순간 당신은 당황했다. 방학 숙제는 다음 학기 성적에도 반영되기에 반드시 제출해야 했기 때문이다! 그제야 당신은 온종일 책을 읽기 시작했다. 내용을 추려 독후감도 써야 했기에 결국 며칠 밤을 꼬박 지새웠고, 그렇게 여름방학의 마지막 날 겨우 숙제를 끝냈다. 당연히 완성도에 대해서는 뭐라 말할 수 없었다.

비록 상상이기는 하지만 분명 이런 상황이 낯설지만은 않을 것이다. 생각해보라. 공부하려고 할 때마다 '악마의 속삭임'이 시작되지 않던가? '이거 먼저 하고 이따 공부하자. 아직 시간 많잖아. 뭘 서둘러?' 하는 식으로……

결국 유혹에 넘어가고, 발등에 불이 떨어질 때까지 일을 미루고 또 미루기를 반복하지 않았던가!

그렇다면 우리는 왜 이렇게 유혹을 이겨내지 못하는 걸까?

의지력이 약해서일까? 사실 이는 우리의 마음가짐과 시간 감각에 더 많은 이유가 있다. 공부는 그 자체만으로 기피하고 싶은 어려운 일로 받아들여지기 쉽기 때문이다. 반면 스마트폰을 가지고 놀거나, 축구를 하거나, 연예계 소식을 확인하는 일은 그 자체로 '유쾌'한 일인 만큼 공부 과정에 끼어들기가 쉽고, 그래서 자꾸만 이러한 일들에 끌려다니게 되는 것이다.

미루는 버릇을 없애려면 우리가 왜 일을 미루는지 그 원인부터 파악해야 하는데, 여기에는 일반적으로 네 가지 심리적 요인이 작용한다.

첫 번째,
학업은 너무 고통스럽고(혹은 지루하고), 놀고 싶은 유혹은 좀처럼 거부하기 어려워서

이는 가장 단순한 원인이다. 학업은 지루하게 느껴지기 쉽고, 우리의 뇌는 향락주의를 추구하기에 재미난 일이 있으면 당연히 하고 싶어지기 때문이다.

과학자들은 우리 뇌의 이러한 특징을 '현재의 만족을 추구하는 원숭이(Instant Gratification Monkey)'라고 부른다.

왜 이렇게 얄궂은 이름을 붙였느냐? 그 이유를 설명하려면 우리의 먼 조상들이 살던 원시 시대로 거슬러 올라가야 한다.

우리의 조상들이 아직 이 나무 저 나무를 타며 동물적 본능을 따라 생활하던 시절, 그들은 가장 기본적인 '생존'을 위해 먹을 수 있을 때 먹고, 잘 수 있을 때 자며, 짝짓기를 할 수 있을 때 짝짓기를 했다. 이렇게 하지 않으면 당장 다음 순간에 천적을 만나거나 의외의 사고로 목숨을 잃을지도 모를 일이었기 때문이다.

그러나 우리는 이미 정글을 떠나 문명화된 인류로 진화했고, 즉각적인 생명의 위험이 크지 않은 편안한 환경에서 살아가고 있다. 하지만 어떤 부분에서는 여전히 원시 시대의 조상들과 같은 모습을 간직하고 있다. 예를 들면 자신을 즐겁게 하는 일에 몰두하고 고통스럽거나 지루한 일 혹은 재미없는 일은 피하려 하는 경향이 바로 그것이다.

즉, 현재의 만족을 추구하는 원숭이가 줄곧 우리의 대뇌변연계에 존재하며 우리를 현재의 즐거움으로 이끈다는 것이다. 공부를 시작하려는데 문득 머릿속에 새 에피소드가 업데이트되었을 만화가 생각났다면, 현재의 만족을 추구하는 원숭이가 작용하고 있음을 뜻한다는 얘기다.

물론 평소 정신이 맑을 때는 현재의 만족을 추구하는 원숭이에 대항할 수도 있다. 그러나 정신이 해이해졌거나 유혹이 너무 많을 때는 원숭이의 손에 놀아나기 쉽다. 그렇다면 이를 어찌하면 좋을까?

처방: 현재의 만족을 추구하는 원숭이를 길들인다

솔직히 말해서 현재의 만족을 추구하는 원숭이가 없다면 우리의 인생은 매우 무미건조해질 것이다. 이것이 바로 우리가 현재의 만족을 추구하는 원숭이의 존재를 부정할 수 없는 이유다. 즉, 우리가 모두 공붓벌레인 동시에 플레이어가 되려면 삶의 균형을 찾아야 한다는 뜻이다. 어떻게? 스스로 현재의 만족을 추구하는 원숭이의 조련사가 되어서 말이다.

현재의 만족을 추구하는 원숭이에 맞설 수 있는 것은 전전두피질인데, 이는 우리의 동물적 본성을 제어하는 역할을 한다. 또한 지금의 즐거움보다 더 중요한 목표가 있음을 일깨워 미래를 위해 인내하게 하고, 현재의 많은 일을 포기하게 만들기도 한다.

따라서 현재의 만족을 추구하는 원숭이를 길들이려면 전전두피질을 깨워 이를 제어하는 방법부터 찾아야 한다.

원숭이는 우리가 무슨 일을 하려고 할 때마다 튀어나와 이렇게 말한다. "휴대전화에 또 새로운 메시지가 왔어", "그 영상 진짜 재미있다던데" 하는 등등……. 이때 녀석과 어떻게 소통해야 할까?

"좋아, 대신 네가 도전에 성공하면!"이라고 맞받아치며 명확한 목표를 제시해야 한다. 이런 식으로 말이다.

"이제 영어 단어를 외울 거니까 내게 삼십 분만 줘. 이 삼십 분 동안 내가 집중할 수 있게 조용히 해주는 거야. 그렇게 해서 삼십 개 단어 중 이십오 개 이상을 외우면 상으로 편의점에 가서 내가 제일 좋아하는 초콜릿 아이스크림을 사줄게."

눈치챘는지 모르겠지만 이 대화에는 세 가지 요점이 있다.

첫째, 명확한 도전 목표가 있어야 한다.

원숭이에게 잠시 후 진행할 도전의 목표가 무엇인지 알려 줘야 한다.

예컨대 논문 한 단락을 완료하려 한다면 적어도 몇 자를 써야 하는지 그 양을 정해 두 시간 안에 1,000자를 쓰겠다는 목표를 두는 것이다.

이때 명확한 시간과 규칙을 두는 것도 잊지 말아야 한다. 현재의 만족을 추구하는 원숭이는 애매모호한 상황을 좋아하기 때문이다. 결정을 내려야 하는 상황이지만 뭘 해야 좋을지 확신이 서지 않을 때 원숭이는 어김없이 등판해 대신 결정하려 한다.

"그냥 게임이나 하자(맛있는 거나 먹자 / TV나 보자)."

이럴 때는 이렇게 말해야 한다.

"안 돼. 애초에 얘기한 우리의 규칙이 있잖아."

그리고 도전을 완료하면 어떤 상을 줄지도 분명히 얘기해야 한다.

어떤 당근책을 써도 좋지만, 원숭이에게 한 약속은 식언하지 않고 반드시 지켜야 한다. 약속대로 보상하지 않으면 잠재의식이 농간을 부려 자신을 믿지 못하게 되고, 그러면 이후 더 큰 도전을 하고 싶어도 마음의 평정을 잃은 원숭이가 말을 듣지 않는다.

둘째, 목표는 도전성이 충분해야 한다.

평소 영단어 30개를 외우는 데 30분 정도가 걸렸다면 이보다 더 높은 목표를 설정해야 한다. 예를 들면 매번 10%씩 목표를 상향해 다음에는 30분 동안 영단어 40개 이상을 외워 최소한 30개의 답을 맞히겠다는 목표를 설정하는 것이다. 이렇게 적절히 난이도를 조절해 도전성을 높여야 원숭이가 도전을 진지하게 받아들인다.

셋째, 보상 시기와 규칙을 명확하게 설정해야 한다.

보상에 대해서도 명확한 규범이 필요하다. 이는 사람들이 보상을 설정할 때 자주 문제가 발생하는 부분이기도 한데, 중독성이 강하거나 정해진 시간 안에 끝낼 수 없는 일이라면 보상으로 설정하기 전에 다시 생각해볼 필요가 있다. 예컨대 '쉬는 시간에 게임 한 판 하기'처럼 15분 안에 끝낼 수 있다는 보장이 없는 일은 보상으로 설정하지 않는 것이 좋다.

두 번째,
자신이 갖춘 능력과 비교해
눈이 높은 완벽주의자라서

앞서 밝혔듯 나는 한때 심각한 미루기병을 앓았는데, 바로 이 완벽주의가 나의 미루기병의 주요 원인이었다.

자신에게 완벽을 요구할 때 어떤 일이 일어나느냐?

보통 완벽주의자들은 어떤 임무를 받았을 때 어떻게 하면 이 임무를 완벽히 해낼 수 있을지를 고민하는 동시에 '내가 잘해내지 못하면 어떻게 하지?' 하는 두려움을 갖는다. 이상 속의 완성작이 너무 훌륭하다 보니 자신은 십중팔구 해내지 못할 거라는 두려움이 엄습하면서 차라리 안 보는 게 속 편하다는 생각으로 '도피성 미루기'를 시작하는 것이다.

그리고 다시 그 일을 떠올렸을 때는 주어진 시간이 적어진 터라 마음이 더 초조해지고, '어차피 훌륭한 완성작을 내놓지 못할 거 좀 더 미루지, 뭐!'라고 생각하게 된다. 참 희한한 소리처럼 들리겠지만, 이런 경험이 있는 사람이라면 분명 공감할 것이다.

처방: 두려움을 물리치는 상상력을 가동한다

완벽주의에 맞서려면 타임머신을 타고 미래로 가봐야 한다.

선생님이 작문 과제를 내주었다고 가정해보자. 이때 당신의 머릿속에는 이미 '짜임새가 완벽하고, 문장과 내용이 모두 뛰어나다'라는 선생님의 평가와 함께 자신의 글이 A++을 받는 상황이 펼쳐졌을 것이다. 그리고 이렇게 달콤한 상상과 함께 두려움이 싹텄을 것이다. 완벽주의 때문에 일을 미루는 사람은 자신이 이런 수준에 도달하지 못할까 봐 다양한 핑계를 만들어내며 일을 미루기 시작하니까.

이때 당신에겐 사고방식을 달리하는 노력이 필요하다.

다음의 표처럼 우리는 빈번히 왼쪽의 사고방식으로 생각한다. 임무를 받자마자 최고의 결과를 내야 한다며 자신을 몰아붙였다가 이내 그러지 못할 자신을 걱정한다. 문제는 그렇게 단꿈과 걱정 사이에서 부단히 발버둥 치다 제풀에 나가떨어지고 만다는 점이다. 그렇게 지금 당장 순조로이 끝낼 수 있는 또 다른 일이 생기면 어김없이 이를 선택해 원래 해야 할 일을 미루기 시작하는 것이다.

이전의 생각	전환 후의 생각
●최고의 결과를 내야 해!	●전보다 나아질 거야!
●해내지 못하면 어쩌지?	●그날 느낄 뿌듯함을 상상해보자!
●단꿈과 걱정 사이에서의 발버둥	●지금 충분히 준비하지 않으면 그날 얼마나 당황스러울까?
●발버둥 치기도 힘들어!	●완벽보다 완성이지!
●나중에 하자!	●얼른 움직이자!
	●한 번 더 해보자!

그렇다면 사고방식을 어떻게 달리해야 할까?

먼저 어떤 임무가 주어졌을 때 완벽히 해내야 한다는 생각 대신 '잘할 수 있을 거야' 혹은 '전보다 나아질 거야'라고 생각한다. 그런 다음 정해진 기한이 끝나는 날, 미처 준비하지 못한 자기 모습을 상상해보는 것이다.

나도 온라인 라이브 클래스를 준비할 때면 아무 준비 없이 카메라 앞에 선 내 모습을 종종 상상해보곤 하는데, 그럼 엄청난 초조함이 몰려오면서 식은땀이 샘솟기 시작한다. 정말 끔찍한 기분이랄까? 그러니 눈을 감고 이러한 상황을 충분히 상상해보자. 그것이 바로 일을 미룬 대가일 테니까.

과제를 제출해야 하든 시험을 치러야 하든 혹은 연단에 올라 강연을 해야 하든, 자신이 해야 할 일을 완수하지 못한 상황을 상상해 끔찍한 기분이 들기 시작했다면 즉시 눈을 뜨고

그 느낌을 살려 행동하면 된다.

잊지 말자. 완벽보다 완성이 낫다!

마크 저커버그는 현재 전 세계 인구의 1/4에 가까운 사람들이 사용 중인 페이스북을 창업했다. 페이스북은 원래 그가 하버드생들을 위해 만든 친목 도모용 사이트였다. 그러나 이후 보스턴의 각 대학으로 사용자 범위가 넓어지기 시작했고, 지금은 전 세계를 아우르며 사람들의 생활에 영향을 주고 있다.

회사가 급성장하던 시기 저커버그는 일반인의 상상을 초월할 만큼 많은 일과 의사결정을 해야 했다. 모든 일에 완벽을 추구할 만큼 시간적인 여유가 없었기에 그 어떤 때보다도 효율이 중요한 시기였다. 이때 그가 막연한 두려움을 이겨내고 앞으로 나아갈 수 있었던 데에는 페이스북 본사 벽면에 적힌 문구 '완벽보다 완성이 낫다(Done is better than Perfect)'의 도움이 컸다고 한다.

　나 역시 '완벽보다 완성이 낫다'가 거의 좌우명일 만큼 이 말을 참 좋아한다. 미루기병의 증상이 나타나기 시작했을 때, 원동력이 부족해 부정적인 생각이 소용돌이치기 시작했을 때 꽤 유용한 자기최면이 되기 때문이다. 그러니 이럴 땐 자신에게 이 말을 해주며 당장 행동에 나서자.

세 번째,
할 일은 많고 시간은 부족해서

항상 해야 할 일이 너무 많은 사람이 있다. 학교 수업도 들어야 하고, 방과 후에는 동아리 활동과 취미 활동도 해야 하며, 가족들의 요구에 따라 집안일을 분담해 동생들도 돌봐야 하고…….

인간관계가 좋아서 친구가 너무 많은 사람도 있다. 주변 사람들이 "이것 좀 도와줄래?", "함께 쇼핑 가자", "우리 축구 같이하자"라고 하는데 이를 차마 거절할 수 없다. 그렇게 이 일 저 일 함께하다 보니 원래는 일을 끝내고도 남았을 시간이 조각나 어떻게 해도 시간이 부족한 상황에 빠지는 것이다. 이럴 때는 어떻게 하면 좋을까?

처방: 일을 분류해 선별적으로 진행한다

사실 우리 모두의 가장 큰 적은 바로 자기 자신이다. 가슴에 손을 얹고 한번 답해보자. '내가 슈퍼 히어로는 아니지만, 세상이 내게 해결을 바라는 일이 너무 많으니 어쩔 수 없이 내 일을 미룰 수밖에'라는 생각, 해보지 않았던가?

그런데 솔직히 말해서 이런 '정의감에서 비롯된 미루기' 때문에 자신이 해야 할 큰일을 그르치는 것은 바람직하지 않다. 따라서 여러 상황이 동시에 닥쳤을 땐 시간을 안배할 줄 알아야 한다.

참고로 내가 자주 활용하는 방법은 '아이젠하워 매트릭스 (Eisenhower Matrix)' 또는 '아이젠하워 박스'라고도 불리는 시간관리법이다.

이 방법을 활용해 오늘 내가 해야 할 크고 작은 일들을 어떻게 분배하느냐? 방법은 간단하다. 일단 종이 한 장을 꺼내 '해야 할 일 리스트(To Do List)'를 작성한다.

여기서 주의할 점은 그냥 머릿속으로만 목록을 나열하지 말고 반드시 종이에 적어야 한다는 것이다. 머릿속에 해야 할 일들을 담아두면 잊어버리기 쉬울 뿐만 아니라, 생각의 공간을 차지하는 걱정거리로 전락할 수도 있다. 그러니 해야 할 일 리스트는 반드시 종이에 작성하자. 물론 이를 작성하는 데에도 방법이 있다.

다시 종이 한 장을 준비해 이를 반으로 접고, 또 반으로 접어 4등분하는 것이다. 그리고 아래의 표와 같이 '급한 일', '급하지 않은 일', '중요한 일', '중요하지 않은 일'이라고 적는다. 이렇게 준비했다면, 해야 할 일 리스트에 나열했던 일들을 네 가지로 분류해볼 차례다.

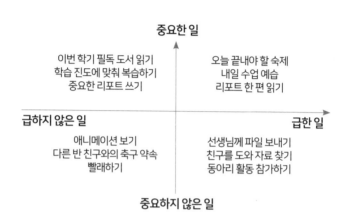

중요한 일

이번 학기 필독 도서 읽기
학습 진도에 맞춰 복습하기
중요한 리포트 쓰기

오늘 끝내야 할 숙제
내일 수업 예습
리포트 한 편 읽기

급하지 않은 일 / **급한 일**

애니메이션 보기
다른 반 친구와의 축구 약속
빨래하기

선생님께 파일 보내기
친구를 도와 자료 찾기
동아리 활동 참가하기

중요하지 않은 일

'급하고 중요한 일'은 되도록 빨리 시간을 내서 끝낸다. 예컨대 오늘 끝내야 할 숙제, 내일 수업 예습, 리포트 한 편 읽기 등은 모두 급하고 중요한 일인 만큼 당장 처리해야 한다.

'급하지만 중요하지 않은 일'은 다른 사람에게 맡긴다. 선생님께 파일 보내기, 친구를 도와 자료 찾기, 동아리 활동 참가하기 등은 매우 급한 일이지만 꼭 내가 하지 않아도 되는 일들이므로 다른 사람의 도움을 빌려도 좋다.

'중요하지만 급하지 않은 일'은 시간을 계획해 완료한다. 이번 학기 필독 도서 읽기, 학습 진도에 맞춰 복습하기, 중요한 리포트 쓰기 등은 비교적 오랜 기간 공을 들여야 하는 장기 계획이다. 그만큼 일정한 시간과 에너지가 필요하지만 매우 중요한 일들이기에 반드시 계획을 세워 일정에 포함하고, 그 일정에 맞춰 진행해야 한다.

'급하지도 중요하지도 않은 일'은 과감하게 삭제한다. 리스트에 적을 때도 느꼈겠지만 애니메이션 보기, 다른 반 친구와의 축구 약속, 빨래하기 등은 한정된 시간 안에 굳이 하지 않아도 되는 일들이다. 그러므로 과감하게 포기해도 된다.

이렇게 분류하면 어떤 일에 시간을 투자해야 하는지 한눈에 파악할 수 있는데, 이 표를 앞서 말했듯 '아이젠하워 매트릭스'라고 한다.

아이젠하워(Dwight David Eisenhower)는 미국의 장군 출신으로, 이후 미국 대통령이 된 인물이다. 그는 매우 효율적인 사람이었다고 전해지는데, 바로 이 표를 사용해 자신의 하루하루를 계획했다고 한다. 이는 베스트셀러 작가 스티븐 코비(Stephen R. Covey)의 저서 《성공하는 사람들의 7가지 습관》에도 수록되어 있다.

학창 시절부터 이런 습관을 기른다면 시간 계획을 세우고, 관리하는 데 큰 도움이 될 것이다. 그러니 지금 바로 종이 한 장을 준비해 '아이젠하워 매트릭스'를 활용해보자.

네 번째,
계획이 변수를 따라잡지 못해서

우리는 항상 자신의 일 처리 능률을 과대평가한다. 그래서 어떤 일을 시작하면 으레 순조롭게 마무리할 수 있을 거라고 생각한다. 그러나 실제로 계획을 완수하기까지는 다양한 변수가 존재하며 그만큼 방해받기가 쉽다.

마음을 다잡고 자리에 앉아 본격적으로 일을 시작하려는데 하필이면 그때 전화벨이 울린다.

"아빠, 엄마랑 싸워서 기분이 완전 엉망이야!"

"친구가 영화 보러 가자는데 너도 같이 가자!"

"야, 대박 사건! 빨리 인터넷 접속해봐!"

이처럼 이런저런 일들이 원래 계획에 영향을 미치면서 '왜 매번 계획대로 할 수가 없는 거지?'라는 한탄을 하게 되는 것이다.

처방: 방법을 달리해 계획을 세운다

솔직히 우리의 앞날을 정확히 알 수는 없다. 하지만 적어도 계획에 차질을 줄 변수가 발생했을 때 우리가 어떤 원칙을 가지고 대처해야 하는지는 알 필요가 있다.

그런 의미에서 심리학 이론을 바탕으로 한 매우 효과적인 방법 세 가지를 소개해볼까 한다.

첫째, 정시·정량의 단순한 계획을 세운다.

사람들은 흔히 정해진 시간에 정량의 식사를 하는 것이 좋다고 말한다. 그런데 왜 일할 때조차도 정시, 정량이 좋은 걸까? 그 이유는 바로 인간이 관성적 동물이기 때문이다. 매일 아침 일어나 양치질을 하는데, 어느 날 하루 양치질을 하지 않으면 마치 뭔가를 덜한 듯 이상한 기분이 드는 이유도 바로 여기에 있다.

요컨대 우리가 쉽게 한눈팔고 일을 미루는 이유는 다음에 무슨 일을 해야 할지 모르기 때문이다. 이때 현재의 만족을 추구하는 원숭이가 튀어나와 재잘재잘 우리를 원래의 계획에서 멀어지게 만드는 것이다.

따라서 매일 저녁 7시, 영어 원서 20페이지 읽기 등과 같이 '매일 정해진 시간에 어떤 일을 한다면' 우리의 뇌와 몸은 한 달도 되지 않아 이러한 상태에 익숙해져 변수가 생겨도 방해받을 가능성이 작아진다.

둘째, 아침에 '개구리 삼키기'를 한다.

물론 진짜로 개구리를 삼키라는 뜻은 아니다! 이는 미국의 작가 마크 트웨인이 한 말에서 유래한 일종의 비유다. 평소 유머 감각이 뛰어났던 그는 이런 말을 했다.

"매일 아침 일어나 개구리 한 마리를 산채로 삼킨다면, 당신은 순조로운 하루를 보낼 수 있을 겁니다. 하루의 시작부터 가장 하기 힘들고 괴로운 일을 해냈으니, 남은 하루는 더 좋아질 수밖에 없을 테니까요."

이게 무슨 개념이냐? 대부분 사람에게 정신과 집중력이 가장 좋은 시간은 아침 기상 후 30분에서 1시간 30분 정도까지이니, 이 시간을 잘 활용해 자신에게 가장 어려운 일을 끝내야 한다는 뜻이다.

예컨대 끝내야 할 과제 때문에 미리 계획을 세워둔 상태로, 이 계획에 따라 내일 참고 자료 10페이지를 봐야 한다고 가정해보자. 그럼 이 일을 언제 하느냐? 아침에 일어나 첫 번째로 해보는 것이다. 왜? 가장 하기 싫은 일이기 때문이다.

나 역시 실제로 이렇게 해봤는데 놀랍게도 더할 나위 없이 좋은 하루를 보낼 수 있었다. 하루를 시작하는 순간부터 이미 자신과의 싸움에서 승리했다는 성취감이 들기 때문이다. 비록 10여 페이지의 자료를 보는 별일 아닌 일이라도 이런 성취감은 이후 더 많은 일을 더욱 잘해낼 원동력이 된다.

그렇다면 산더미처럼 쌓인 일 중 개구리가 두 마리라면 어떻게 해야 할까? 이럴 때는 좀 더 못생기고, 더 맛없게 생긴 녀석부터 먹어 치운 다음 정해진 시간에 정량의 일들을 하면 된다.

나 같은 경우에는 매일 아침 글 쓰는 시간을 정해두었다. 그 시간만 되면 반드시 자리에 앉아 글을 쓰는데, 이렇게 한 지 오래다 보니 이제는 자연스러운 습관이 되었다. 그 덕분에 주변 사람들도 그 시간이면 내가 서재에서 글을 쓴다는 걸 알기에 그때는 웬만하면 나를 찾지 않는다.

셋째, 긴장감을 조성한다.

긴장감을 조성하면 참 묘한 효과가 따라온다. 대문호 헤밍웨이는 글쓰기를 일단락할 때면 마지막 문장을 완성하지 않고 절반만 쓴 채로 그날의 진도를 멈췄다고 한다. 왜일까? 인간의 뇌는 희한하게도 완결되지 않은 일로 말미암아 긴장이나 불편한 마음을 느낄 때, 그 일에 대한 잔상이 더 오래 남아 끝내 일을 완결하게 만드는 경향이 있기 때문이다.

그런 까닭에 헤밍웨이는 다음 날 타자기 앞에 앉아 자신이 전날 남겨둔 미완의 문장을 보며 미루기병과 현재의 만족을 추구하는 원숭이를 떨쳐낼 수 있었다. 미완의 문장을 완성하려는 마음이 앞서다 보니 순조롭게 글쓰기 모드에 돌입할 수 있었음은 물론이고 이후 작업에도 집중력을 발휘할 수 있었는데, 이러한 효과가 앞선 2장에서 살짝 언급한 '자이가르닉 효과'이다.

TV 드라마를 생각하면 좀 더 쉽게 이 효과를 이해할 수 있다. 드라마 한 회가 끝날 때를 생각해보라. 빌런이 결국 벌을 받을지, 주인공이 위기에서 벗어날지를 두고 긴장감이 고조된 순간 '다음 회에 계속'이라는 자막이 뜨지 않던가? 그리고 결국 우리는 이 긴장감을 안은 채 다음 회를 기다리게 되고 말이다.

자신을 미루기병에서 구원하는 방법에는 여러 가지가 있다. 다만, 이런 기술과 방법을 그저 알고만 있어서는 미루기병을 고칠 수 없다. 반드시 행동으로 옮겨 자신의 습관이 될 수 있게 훈련해야 한다. 미루기는 결국 오랫동안 몸에 밴 습관인 경우가 대부분이기 때문이다. 우리의 이성적인 뇌가 미루기는 옳지 않은 행동이라고 판단해도 감정적인 뇌는 그렇게 생각하지 않는다. 이를 바꿀 유일한 방법은 효과로 끊임없이 증명하는 길뿐이다.

그러니 미루기병을 이겨낸 승리의 경험을 쌓아가라. 그렇게 한 번, 또 한 번의 승리로 자신의 잠재의식을 향해 이렇게 말하는 것이다.

"난 할 수 있어! 나도 일을 미루지 않고 계획대로 착실히 일할 수 있는 사람이라고! 난 널 믿어. 그러니 너도 날 믿어."

이번 장에 소개한 방법들을 실생활에 적용해 자신만의 모드를 만들고, 이를 부단히 사용하자. 그렇게 행동에 변화가 생겼을 때 이전의 자신을 되돌아보면 '전에는 어떻게 그랬나?' 싶을 만큼 완전히 달라진 마음가짐과 생활 습관을 지닌 자신을 발견할 것이다.

자기 자신에게 증명하라. 진정으로 나를 변화시킬 것은 경험뿐이다!

Chapter 07

집중력 강화:
한눈팔지 않으면 능률이 배가 된다

흔히 공부를 시작했을 때는 집중력이 좋다가도 어느 정도 시간이 지나면 주의력이 분산돼 온갖 잡생각이 떠오르면서 공부에 집중하지 못하는 경우가 많다.

물론 처음부터 집중력을 발휘하지 못할 때도 있다. 싫어하는 과목이나 잘하지 못하는 과목을 공부할 때 심리적으로 거부감이 들면 그럴 수 있다. 반면, 좋아하는 과목을 공부할 때면 다른 때보다 더 오랜 시간 집중력을 유지할 수 있지 않던가?

심리학자의 연구 결과에 따르면 인간의 집중력은 개인의 에너지나 감정 등 여러 요소와 연관이 있다. 또한 집중력 자체에도 범위와 시간의 변화가 존재한다. 이는 같은 사람이라도 시간에 따라, 상황에 따라 집중력이 달라지는 이유이기도 하다.

따라서 집중력은 결코 단일한 능력이 아님을 인지하고, 집중력을 훈련할 때는 집중력 자체보다 집중력에 영향을 미치는 요소에 더 초점을 맞춰야 한다.

일반적으로 사람들은 의지력이 강한 사람이 집중력도 뛰어나다고 생각한다. 그만큼 의지력이 집중력에 큰 영향을 미친다고 보는 것이다. 그러나 사실 의지력과 집중력은 큰 연관이 없다. 오히려 6장에서 말한 '현재의 만족을 추구하는 원숭이'가 우리의 집중력에 영향을 미치는 중요한 요소 중 하나인데, 이를 다스릴 때도 의지력을 높여 원숭이를 억누르는 것이 아니라 '마인드세트(Mindset)'를 통해 녀석과 평화로운 공존을 꾀해야 한다.

그런 의미에서 이번 장에서는 집중력에 직접적으로 영향을 미치는 요소들을 알아보고, 공부 집중력을 높이는 방법을 살펴볼까 한다. 더는 부족한 집중력을 단순히 자신의 노력 부족이나 산만함의 탓으로 돌리지 않도록 말이다.

집중력에 영향을 미치는 요소에는
어떤 것들이 있을까?

먼저 작은 실험을 하나 해보자. 타이머를 준비한 다음, 아래의 그림을 보며 그림 속 모든 글자를 최대한 빨리 읽어 시간이 얼마나 걸리는지 재보는 것이다.

빨	검	초	파	노	빨	초
노	파	초	노	노	파	파
파	빨	초	빨	파	노	초
초	초	노	검	초	초	검
노	파	파	파	빨	노	파
빨	초	빨	노	빨	초	빨
검	노	파	초	검	초	빨

그런 다음 그림 속 글자의 색깔과 글자의 의미가 나타내는 색깔이 다름에 유의해 각 '글자의 색깔'을 읽어보자. 자, 이전과 비교해 속도가 어떻게 달라졌는가? 아마 현저히 느려졌을 것이다!

그렇다면 왜 이 같은 결과가 나오는 걸까? 우리 뇌가 자기 자신과의 싸움을 벌였기 때문이다!

사실 이는 인간의 뇌가 소음을 억제하는 능력, 다시 말해서 '집중력'을 측정하는 데 사용된 유명한 심리학 실험으로 이 같은 현상을 '스트룹 효과(Stroop Effect)'라고 한다.

글자에 달리 색깔이 없을 때는 글자 자체만 읽으면 되기 때문에 전혀 어려울 게 없다. 우리가 모두 아는 글자들이기 때문이다. 그러나 글자 자체의 의미를 무시하고 글자의 색깔을 말해야 하는 상황이라면 얘기가 달라진다. 우리의 뇌가 두 가지 다른 정보 사이에서 빠르게 스위치 전환을 해야 하는데, 여기에는 매우 높은 집중력이 필요하기 때문이다.

뇌신경과학자의 연구에 따르면 우리가 집중할 때 다음과 같은 두 가지 작업이 동시에 이뤄진다고 한다.

주의를 기울여야 하는 것들을 부각하는 일(Enhancement)
주의하지 않아도 되는 것들을 제어하는 일(Suppression)

예컨대 정거장에서 친구를 기다릴 때 오가는 인파라는 다양한 정보 속에서 잡음을 걸어내고 친구의 얼굴을 찾아내는 작업을 '부각' 혹은 '증강'이라고 한다. 이와 동시에 우리의 뇌는 자신과 상관없는 사람들과 다른 광경들을 전부 차단하는데, 이를 '제어'라고 한다.

그런데 우리가 어떤 일에 집중할 때 동시에 이뤄지는 이 두 가지 작업은 모두 머리를 써야 하는 일로 상당한 정신력이 소모된다.

지금 친구와 길을 가며 이야기하고 있다고 가정해보자. 주변에서 요란한 음악 소리와 어린아이의 울음소리, 사람들의 말소리가 들려와 두 사람 모두 목소리를 높여야만 상대방의 말을 알아들을 수 있는 상황이다. 이 경우 두 사람은 얼마든지 대화를 이어갈 수 있지만 아무래도 피곤한 느낌을 지울 수 없을 것이다.

그러다 비교적 조용한 장소에 들어와 쉽게 상대의 목소리를 들을 수 있게 되었다면 어떨까? 분명 대화에 좀 더 집중할 수 있을 것이다. 왜냐? 두 사람 모두에게 불필요한 소음을 제어하는 데 많은 힘을 들이지 않아도 되는 조건이 마련되었기 때문이다.

우리 뇌는 신체의 모든 기관과 마찬가지로 에너지와 포도당, 혈당, 산소의 힘을 빌려 작동하며 피곤함도 느낀다. 따라서 집중력을 강화하려면 근지구력을 훈련하듯, 반드시 그 특징을 이해하고 유지해야 한다.

그럼 이제 제어 시스템과 증강 시스템의 작동이라는 두 가지 측면에서 집중력을 높이는 방법을 알아보자.

주의하지 않아도 되는 것들
제어하기

먼저 제어 시스템의 원활한 작동을 도우려면 방해되는 정보를 줄여야 한다.

1. 책상을 정리해 시각적 혼란을 낮춘다

책상 위에 항상 책이며 공책, 필기도구, 간식 등등 온갖 잡동사니가 놓여 있다면? 시간을 들여 공부와 상관없는 물건들을 정리해보자. 이때 당장 공부에 필요한 교제와 필기구 정도만 남기는 게 좋은데, 그러면 좀 더 쉽게 공부에 집중하는 자신을 발견할 수 있을 것이다.

이렇게 책상을 정리해야 하는 이유는 간단하다. 우리의 뇌가 불필요한 정보를 제어하느라 힘쓸 일을 사전에 방지할 수 있어서다. 물론 '책상이 어수선해도 할 일만 잘하는데!'라고 생각할 수 있다. 확실히 불가능한 일은 아니기 때문이다. 그러나 이 경우 우리의 뇌는 상당한 에너지를 사용하게 된다. 책상 앞에 앉을 때마다 우리의 뇌는 눈에 보이는 물건에 대한 모든 시각적 정보를 받아들이는데, 이때 '이 물건들은 내가 집중해서 하려는 일과 상관이 없으니 무시하자'라는 신호를 주려면 반드시 별도의 에너지 소비가 필요하다. 또한 '보고도 못 본 척 무시하는 일'에도 정신력을 소모해야 한다.

그러면 누군가는 이렇게 말할지도 모른다.

"예전에 어느 기사에서 봤는데 뒤죽박죽 어수선한 책상이 창의성을 필요로 하는 일에는 긍정적인 도움을 준다던데요?"

그렇다. 실제로 물건이 뒤죽박죽 엉켜 있는 책상이 깔끔하게 정리된 책상보다 두뇌를 자극하는 데 좋다는 연구 결과가 존재하며, 이를 방증하듯 수많은 아이디어 천재들의 책상은

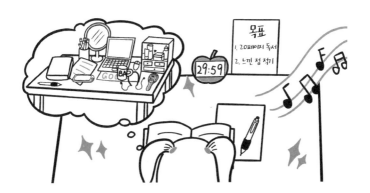

어수선하기 짝이 없다. 이에 대한 일반적인 해석은 이렇다. 어수선한 환경을 통해 받아들인 다양한 정보가 우리 뇌의 잠재의식 속을 맴돌다 이따금 참신한 아이디어를 만들어낸다는 것이다.

그러나 여기서 우리가 알아야 할 사실이 있다. 바로 공부에는 천재적인 창의성이 필요한 때가 많지 않다는 것이다. 생각해보라. 공부할 때마다 눈앞의 잡동사니들을 보고 이를 통해 받아들인 정보가 머릿속을 맴돌고 있다면, 한두 번도 아니고 피곤하지 않겠는가?

그러니 고도의 집중력을 유지해 효율적으로 임무를 완수하고 싶다면 책상 위 잡동사니부터 깨끗하게 정리하자! 깔끔하게 정리 정돈된 공간이 집중력을 높이는 데 도움 될 테니까.

2. 스마트폰을 비행기 모드로 전환하거나 옆에 두지 않는다

스마트폰을 가지고 있을 때 항상 갖가지 방해를 받았다면 공부나 중요한 일을 할 때만큼은 비행기 모드로 전환해두자! 손가락만 몇 번 움직이면 되는 이 간단한 작업을 해내면 절반은 성공한 것이나 다름없다.

내가 강의할 때면 꼭 이런 질문을 하는 학생들이 있다.

"선생님, 어떻게 해야 스마트폰을 끊을 수 있을까요?"

그런데 사실 스마트폰을 끊을 필요는 없다. 좀 더 솔직히 말하자면 스마트폰을 끊을 생각은 하지도 말아야 한다. 스마트폰은 이미 현대사회를 살아가는 우리에게 매우 중요한 도구이기 때문이다. 다만 어떻게 해야 스마트폰에 정신이 팔리지 않고 유용한 도구로 활용 가능한지 그 방법을 알 필요가 있다.

우리는 흔히 어떤 메시지나 알림창이 떴음을 알리는 소리가 '띠링 띠링' 울리면 슬쩍 확인만 해야지 하며 자연스럽게 스마트폰을 들여다본다. 그러나 연구 결과에 따르면 슬쩍 확인만 하는 이 행동이 사고의 전반적인 흐름을 끊어 다시 제자리로 돌아가려면 족히 2분이 걸린다고 한다.

그러니 이런 방해 요소를 없애는 가장 간단한 방법은 자신의 스마트폰을 비행기 모드로 전환하거나 아예 전원을 꺼버리는 것이다.

연구에 따르면 스마트폰을 무음으로 전환해도 스마트폰을 옆에 두지 않은 사람보다 스마트폰을 옆에 둔 사람의 학습 능률이 훨씬 더 떨어진다고 한다. 그러므로 스마트폰을 무음으로 전환하기보다는 비행기 모드로 전환하는 게 낫고, 비행기 모드로 전환하기보다는 전원을 꺼두는 것이 나으며, 전원을 꺼두는 것보다는 아예 스마트폰을 옆에 두지 않는 게 낫다!

3. 소음 차단용 음악을 활용한다

알다시피 주변이 시끄러우면 좀처럼 주의를 집중하지 못한다. 이는 우리의 청각 시스템이 항시 대기 상태에 있기 때문이다. 즉, 우리의 청각 시스템은 외부에서 소리가 들려오면 이를 자동 처리해 뇌로 정보를 전달한다. 그러면 우리의 뇌는 다시 이 정보를 분석하고 판단하는데, 이 과정에서 정신력과 주의력이 소모되어 우리도 모르게 한눈을 팔고 만다. 소음이 지속된다면 결국 우리는 계속 한눈팔게 된다는 얘기다.

그렇다면 아무런 소리도 나지 않는 환경은 어떨까? 이 역시 공부하기에 최적의 환경이라고는 할 수 없다. 주변이 지나치게 조용하면 잡생각이 꼬리에 꼬리를 물기 쉬울뿐더러 이런 환경에 익숙해지면 주요 학습 장소라고 할 기숙사나 소란한 교실 등에서는 마음 잡고 공부하기가 어려워지기 때문이다.

그렇다면 대체 어떻게 해야 할까?

이럴 때는 노이즈 마스킹(Noise Masking), 즉 소음 차단법을 활용하는 방법이 있다. 명칭을 보면 대충 짐작이 가겠지만 지속적인 주파수를 가진 소리로 주변의 다른 소리를 덮어버리는 방법이다.

예를 들어보자. 반 친구들이 옆에서 대화를 나누고 있다. 이때 사람의 말소리 주파수는 1K에서 5K 정도다. 이는 우리가 이어폰을 끼고 음악을 듣는다면 음악으로 덮어버릴 정도의 주파수다. 이 경우 친구들의 대화 소리를 차단하는 데 음악이 도움 될 수 있다는 뜻이다. 그러나 음악을 듣는 방법이 무조건 좋은 선택은 아니다. 특히 리듬감이 강하고 사람의 목소리가 들어간 음악은 우리 뇌에 매우 강한 흡인력을 발휘하기 때문에 친구들의 말소리와 마찬가지로 우리의 집중력을 떨어뜨릴 수 있다.

따라서 소음 차단법을 활용할 때는 사람의 목소리가 들어가지 않은, 잔잔한 음악을 듣는 것이 좋다. 음악 자체에 큰 기복이 없으면 집중력도 크게 흐트러지지 않는다.

무엇보다 가장 좋은 선택은 환경의 소리인 백색소음을 듣는 것이다. 백색소음이 효과적인 이유는 전체적으로 균등하고 일정한 주파수 범위를 나타내 주변의 소음을 자연스레 덮어주는 작용을 하기 때문이다. 그런 까닭에 폭포 소리나 빗소리 같은 백색소음을 들으면 세차게 폭포가 쏟아지는 어느 산속의 바위 위, 혹은 비가 내리는 어딘가로 이동하기라도 한 듯 순간적으로 다른 소리가 사라지고 마음이 차분해지는 경험을 할 수 있다.

다만, 소음 차단용 음악을 들을 때는 반드시 이어폰이나 헤드폰을 착용해야 한다. 스피커에서 흘러나오는 음악은 사실 그다지 효과가 없다. 이어폰이나 헤드폰을 착용해야 곧바로 집중 상태에 돌입할 수 있고, 그만큼 좋은 효과를 볼 수 있다. 외부의 소리를 차단하는 동시에 너무 많은 정보를 주지도, 집중력을 흐트러뜨리지도 않는 것! 이 점이 중요하다.

책상을 정리 정돈해 시각적 정보를 간소화하고, 스마트폰을 비행기 모드로 전환하고, 주변의 소음을 차단하는 방법 외에도 자신이 한눈을 팔 가능성이 있는 요소는 되도록 모두 제거해야 한다. 예컨대 방이 너무 덥거나 너무 춥다면 냉난방으로 적절하게 온도를 조절하고, 옷이 꽉 끼어 답답하다면 편안한 옷으로 갈아입어야 한다.

요컨대 집중력에 영향을 미칠 모든 요소를 미리 제거해야 하는데, 여기에는 심지어 냄새도 포함한다. 생각해보라. 지금 너무 배고픈 상태인데 어디선가 맛있는 냄새가 솔솔 난다면 공부에 집중할 수 있겠는가? 그러지 못할 것이다. 냄새를 맡는 순간 우리 뇌의 가장 원시적인 생존 모드가 작동하면서 '음식이 있으니 빨리 가서 먹자'라고 속삭일 테니까.

또한 의자가 너무 높거나 낮지는 않은지, 앉은 자세가 곧고 바른지 등도 살펴 생길 수 있는 모든 문제를 미리미리 해결하자. 그렇게 함으로써 우리의 뇌가 공부 외에 불필요한 에너지를 쓰지 않도록 하자.

주의를 기울여야 하는 것들
부각하기

집중하려면 주의하지 않아도 되는 것들을 제어하는 일 말고도 우리에게 필요한 정보를 부각하는 일 또한 필요하다. 그렇다면 이는 어떻게 해야 할까?

1. 한 번에 한 가지 일만 한다

이번에도 한 가지 실험을 해보자. 부모님이나 두 명의 친구에게 자신의 양쪽 귀에 대고 동시에 말을 해달라고 부탁한 다음, 그들의 말을 알아들을 수 있는지 확인해보는 것이다. 자, 어떤가?

아마 알아듣지 못했을 것이다! 우리는 '동시'에 두 가지 정보에 집중할 수 없기 때문이다. 왼쪽 귀에 대고 한 말을 알아들었다면 오른쪽 귀에 대고 한 말은 배경음이 되었을 테고, 그 반대의 경우도 마찬가지일 것이다. 따라서 우리는 한 번에 여러 일을 할 수 없거니와 하려고 해서도 안 된다.

물론 자신은 한 번에 두 가지, 심지어 그 이상의 일을 동시에 해낼 수 있다고 생각하는 이들도 있을 것이다. 그러나 사실이는 '동시에'가 아니라 몇 가지 일 사이에서 끊임없이 주의력을 전환한 것으로, 상당한 정신력이 소모될 뿐 아니라 효율적이지도 않다.

따라서 일의 집중력을 높이려면 여러 일을 병행하지 말고 한 번에 한 가지 일만 하는 게 좋다.

수업 시간에 필기하면서 다들 한 번쯤 이런 경험을 해본 적 있을 것이다.

선생님 말씀에 집중하면 글씨를 쓰는 속도가 느려져 종종 필기하지 못하는 내용이 생기고, 세세하게 필기하려다 보면 선생님이 방금 말씀하신 중요한 내용을 놓치는 그런 경험 말이다.

이 역시 우리의 집중력이 동시에 두 가지 일을 소화하지 못해서 생기는 결과다. 그런데 실제 수업 시간에 우리가 어디 수업을 들으며 필기만 하던가? 친구들과 몰래 쪽지를 주고받기도 하고, 책상 밑에서 스마트폰으로 메시지를 보내기도 하며, 다른 과목을 공부하기도 하고……. 그러니 도통 집중력을 발휘하지 못할 수밖에 없는 것이다.

그러므로 수업을 들을 때는 선생님의 말씀에 집중해 수업 내용을 이해하는 일이 주가 되도록 필기도 가능한 한 간단하게 하는 것이 좋다. 가장 정확하고 간결한 정보를 골라 한두 글자의 키워드를 사용하든, 부호를 사용하든 자기가 알아볼 수 있게만 기록해뒀다가 수업이 끝난 후 다시 제대로 노트 정리를 하면 된다. 효율적인 필기법에 대해서는 이미 앞에서 코넬식 노트 필기법을 소개했으니, 이에 대한 설명은 생략하겠다.

2. 포모도로 공부법을 활용한다

혹시 TED에서 강연을 들어본 적 있는가? TED(Technology Entertainment Design)는 전 세계 각 분야의 엘리트, 전문가, 학자 들이 모여 자신의 분야에 대한 독자적 경험과 견해를 강연 형식으로 공유하는 지식 콘텐츠 플랫폼이다. 인터넷에 TED를 검색하면 온라인으로 모든 강연을 볼 수 있는데, 거의 모든 영상이 엄청난 조회 수를 기록할 정도로 흥미진진하다.

그런데 이 TED 강연에는 특이점이 하나 있다. 바로 모든 강연이 18분을 넘지 않는다는 것이다. 왜일까? 왜 이 흥미진진한 강연을 좀 더 길게 하지 않는 걸까?

TED의 대표 크리스 앤더슨(Chris Andersen)은 이에 대해 이렇게 설명한다.

"십팔 분이면 진지한 이야기를 나누기에 충분한 시간입니다. 청중이 집중력을 유지할 수 있는 시간이기도 하고요."

물론 여기에는 이론적 근거가 있다. 관련 연구 결과에 따르면 건강한 성인의 평균 주의집중 시간은 15분이기 때문이다. 다시 말해서 강연 시간이 너무 길면 십몇 분 후부터 집중력이 떨어져 한눈을 팔게 되고, 그러면 뒷부분의 강연이 아무리 흥미진진해도 소용이 없다는 뜻이다. 그런 까닭에 TED는 18분이라는 강연 시간을 정해놓고 모든 강연자에게 이 시간을 엄수해달라고 요구하고 있다.

우리가 공부할 때도 주의집중 유지의 특징은 달라지지 않는다. 처음에는 집중을 잘하지만, 시간이 지날수록 주의를 집중하지 못한다. 물론 집중력 유지 시간은 사람에 따라 달라서 10여 분에서 몇십 분까지는 정상 범주에 속한다. 다만 자신이 더는 집중력을 유지하지 못하고 있다 느껴질 때 적절한 휴식을 통해 두뇌의 힘을 회복시켜주는 것이 관건이다.

그런 의미에서 내가 추천하는 방법은 포모도로 공부법(Pomodoro Technique)이다.

포모도로 공부법은 이탈리아의 프란체스코 시릴로(Francesco Cirillo)라는 사람이 고안한 시간관리법으로, 그가 맨 처음 토마토 모양의 주방용 타이머를 사용해 포모도로 공부법('포모도로'는 이탈리아어로 '토마토'를 뜻한다)이라는 이름이 붙었다고 한다. 요컨대 포모도로 공부법은 타이머로 공부하는 시간과 휴식 시간을 설정해 공부와 휴식을 번갈아 행하는 방법이다.

일반적으로 주방용 타이머가 있다면 가장 좋겠지만, 없다면 스마트폰에 있는 타이머를 사용하거나 앱을 내려받아 사용해도 좋다.

타이머를 준비하고 가장 먼저 해야 할 일은 공부 시간과 휴식 시간을 설정하는 일이다(공부 시간 25분, 휴식 시간 5분으로 설정할 것을 추천한다). 그런 다음 설정해놓은 공부 시간 동안 다른 일에 신경 쓰지 않고 오롯이 공부에만 집중하는 것이다. 그렇게 시간이 되면 다시 미리 정해놓은 휴식 시간에 따라 잠시 휴식을 취한다. 이렇게 공부와 휴식을 1세트로 하여 총 4세트를 진행하고 나면 두 시간이 소요되는데, 나의 경우에는 4세트 후 15분간의 긴 휴식 시간을 설정해 뇌를 충분히 쉬게 해준다.

포모도로 공부법을 활용할 때 가장 중요한 한 가지 원칙은 휴식 시간을 알리는 알람이 울리면 반드시 쉬어줘야 한다는 것이다! 잠시 자리에서 일어나 스트레칭을 해도 좋고, 창밖을 내다보며 눈의 피로를 풀어도 좋으며, 물 한 잔으로 수분을 보충해도 좋다. 스스로 느끼기에 컨디션이 좋으니 좀 더 공부해도 괜찮을 것 같아도 임의로 휴식 시간을 미루는 것은 권장하지 않는다. 타이머를 사용하는 이유는 고정적으로 휴식 시간을 가짐으로써 집중력을 당겨쓰지 않기 위함으로, 이렇게 해야 더 오랫동안 공부를 위한 최적의 상태를 유지할 수 있기 때문이다. 피곤함을 느끼고 나서야 휴식을 취한다면 그땐 이미 두뇌의 힘을 당겨쓰기 시작한 것이나 다름없어서 이후 주의 집중의 효율이 떨어질 수밖에 없다. 그러니 집중력 훈련 차원에서라도 무리하지 않도록 하자!

물론 공부 시간을 늘리고 싶다면 타이머를 활용해 최적의 집중력 유지 시간을 측정해볼 수 있다. 5분 단위로 20분부터 25분, 30분, 60분까지 각 시간 동안의 집중력 유지 상황을 살펴 최고 10점에서 최하 1점까지 스스로 점수를 매겨보는 것이다.

다만 집중력이 에너지와 감정의 영향을 받는다는 사실을 고려해 이 테스트는 적어도 세 번, 각기 다른 날에 진행해야 한다. 그렇게 최적의 상태로 집중력을 유지할 수 있는 시간을 도출해냈다면 해당 시간을 공부 시간으로 설정해도 좋다. 즉, 자신이 30분간 최상의 집중력을 발휘할 수 있다는 걸 알았다면 30분을 공부 시간으로 설정해 이 시간 동안은 온전히 공부에 집중해봐도 좋다는 뜻이다. 물론 이는 어디까지나 자체 테스트를 통해 결과를 얻는 방식이기 때문에 완전히 정확하다고는 할 수 없다. 그러나 공부 집중력을 높이는 데에는 충분히 참고할 만한 가치가 있으니, 자신에게 가장 적합한 휴식 시간을 찾는 일에도 같은 방법을 활용해보자.

3. 미리 명확한 목표를 설정한다

집중력을 유지하려면 미리 명확한 목표를 설정할 필요가 있다. 예컨대 '내일 아침에 일어나면 제일 먼저 책 10페이지를 읽어야지' 하는 식의 목표를 세우는 것이다. 이는 우리 뇌에 미리 준비하라는 일종의 '예고'가 되어 잠을 자고 일어나 의지력과 지구력, 집중력이 가득 충전되었을 때 곧바로 목표한 일들을 할 수 있게 도와준다.

이러한 목표가 없으면 아마도 일어나자마자 스마트폰을 들여다보게 될 것이다. 메신저 앱이나 SNS를 확인하느라 귀한 집중력을 사용해 정작 주의집중이 필요한 일을 시작하려고 하면 제대로 집중하지 못하게 된다는 뜻이다.

따라서 내일 일어나자마자 첫 번째로 무슨 일을 할지 미리 명확하게 목표를 설정해두자.

4. 자신만의 의식으로 시작 신호를 보낸다

이는 집중력을 높일 내 나름의 비법으로, TV 프로그램을 촬영하다 우연히 발견한 기술이다. 프로그램을 촬영하다 보면 모든 준비를 마치고 정식 촬영에 들어갈 때 '5, 4, 3, 2, 1' 카운트다운을 한 후 카메라 앞에서 '탁' 하고 슬레이트를 친다.

처음 진행자가 되어 카메라 앞에 섰을 때 나는 이 슬레이트 소리가 참 이상하게 느껴졌다. 아무리 사전 준비를 철저히 해와도 일단 이 슬레이트 소리만 들으면 머리가 백지장처럼 하얘지면서 말문이 막혔기 때문이다. 왠지 모르지만, 슬레이트 치는 소리를 들을 때마다 나의 뇌는 또 다른 모드로 전환되는 듯했고, 이런 현상은 꽤 오랫동안 나를 괴롭혔다.

다행히 나는 조금씩 슬레이트의 공포를 극복하기 시작했고, 어느덧 슬레이트 치는 소리에 정신을 차리고 카메라를 향해 말할 수 있게 되었다. 지금은 오히려 슬레이트 치는 소리가 마치 집중 모드 전환 스위치라도 된 듯 빠른 몰입을 도와주고 있다.

그래서 나는 나 자신을 대상으로 실험했다. 실험은 아주 간단했다. 스마트폰에서 스톱워치를 연 다음 "좋아, 이제부터 집중하는 거야. 삼, 이, 일!"이라고 말하며 스톱워치의 시작 버튼을 누르는 것이 전부였다.

그런데 놀랍게도 이 사소한 동작 하나가 이제부터 일에 집중해야 한다는 신호가 되어 나의 잠재의식을 일깨워주는 것이 아닌가! 혹시나 하는 마음에 내 두 아이 첸첸과 촨촨을 대상으로 같은 실험을 해보았지만, 그 효과는 변함이 없었다.

예컨대 아이들에게 방에 어질러진 장난감을 정리하라고 시키면 이내 장난감에 정신이 팔려 30분 후에도 정리를 끝내지 못했다. 그런데 "자, 이제부터 방 정리를 시작할 건데 얼마나 빨리 끝낼 수 있는지 한번 보자. 너희가 시작 버튼을 누르면 시작인 거다!"라는 말과 함께 시작 버튼을 누르게 했더니 정리에 집중하게 된 것이다. 물론 여전히 가끔 한눈팔긴 했지만, 시간이 흘러가는 것을 본 아이들은 전보다 훨씬 짧은 시간에 정리를 마쳤다. 간단한 시작 의식을 치르는 것만으로도 집중력을 높이는 데 상당한 효과가 있었던 셈이다.

그러니 슬레이트를 치는 것처럼 자신만의 의식을 진행해 '지금부터 집중해야 해!'라는 시작 신호를 보내보자.

집중력을 높이는 세 가지 질문

매번 공부를 시작하기 전에 스스로 세 가지 질문을 해보는 것도 한 방법이다.

1. 어디에서(Where)

현재 자신이 처한 환경이 집중력 시스템을 작동하는 데 도움 되는지, 공부에 전념하기에 적합한지를 물어보는 것이다. 적합하지 않다면 앞서 공유한 방법으로 환경을 바꿔보자.

2. 어떻게(How)

자신이 공부에 집중할 수 있도록 증강 시스템의 정상 작동을 도와줄 확실한 방법이 있는지를 점검하는 것인데, 여기에는 자신이 정한 명확한 목표와 시간, 간단한 의식을 통한 시작 신호 등이 포함된다.

3. 왜(Why)

이는 가장 핵심적인 질문이자 우리가 우리 자신에게 늘 던져야 하는 질문이기도 하다. '지금 공부하는 게 왜 중요할까?', '왜 꼭 이걸 공부해야 할까?' 등등…….

스스로 이런 질문을 던지고 답하다 보면 그것이 이성에서 비롯되었든 감성에서 비롯되었든 아니면 무의식에서 비롯되었든 상관없이 모두 자신의 마음을 움직이는 동력이 되어 행동으로 옮길 수 있게 된다. 그러니 가능한 한 반드시 질문을 던지고, 그 질문에 대한 답을 해보자. 자신이 왜 공부를 해야 하는지 그 이유를 전혀 모른다면 집중하기 어려울 테니까.

생각해보라. 좋아하는 게임이 있는데 우연히 만난 게임의 고수가 스테이지를 쉽게 클리어할 팁을 알려주겠다고 하면 당신은 그의 말을 귀담아듣겠는가? 당연히 그럴 것이다. 왜? 자신이 게임 스테이지를 클리어하고 싶어 한다는 사실을 알기 때문이다. 같은 맥락이다. 공부할 때도 항상 '왜?'라고 반문해볼 필요가 있다. 왜 오늘 이 공부를 해야 하는지 그 이유를 아는 것! 이것이 중요하다.

오스트리아의 유명한 심리학자 빅터 프랭클(Viktor Frankl)은 말했다.

"강력한 이유를 가진 사람은 거의 모든 방법을 다룰 수 있다(Those who have a strong why, can deal with almost any how)."

왜 공부해야 하는지 그 이유에 대한 분명한 확신이 있다면 집중력은 문제 되지 않는다.

'왜 공부하는가?'에 대한 강한 믿음이 있을 때 공부나 훈련에 따른 고단함과 괴로움을 견뎌낼 힘이 생기기 때문이다. 그저 테니스를 잘 치고 싶어서 혹은 악기를 잘 다루고 싶어서 매일 지치지 않고 연습할 수 있는 것처럼 말이다. 그러나 이와 반대로 마음에 믿음이 없다면 집중력을 높이는 방법을 아무리 많이 알고 있어도 전혀 도움 되지 않을 것이다.

따라서 내가 지금 무엇을 하려고 하는지, 왜 칠판에 적힌 내용을 베껴 적고 있는지, 선생님이 왜 그런 말씀을 하시는 건지, 이 단락이 왜 중요한지, 친구들과 토론했던 주제를 왜 꼭 이해해야 하는지 등을 항상 의식해 스스로 학습 동기를 유발할 필요가 있다.

요컨대 자신이 지금 하는 일의 의미가 무엇인지 스스로 질문해 답을 찾으면, 또 다른 마음가짐으로 자신이 정말 하고자 하는 일을 선택해 그것에 집중하는 힘을 부여할 수 있다. 이는 비단 학교에 다닐 때뿐만 아니라 졸업하고 사회에 나가서도 꼭 필요한 능력이다.

21세기를 살아가면서 평생 끊임없이 새로운 지식을 학습해야 하는 것이 우리의 운명이다. 하지만 그렇다고 걱정할 건 없다. 자신의 관심사가 무엇이며, 어떤 일에 흥미를 느끼는지 파악해 동력을 찾고 나면 집중력은 자연스럽게 따라올 테니까.

Chapter 08

시간관리 기술:
관리해야 할 것은 시간이 아니다

이런 말이 있다.

'시간은 가장 공평하지만 가장 불공평하기도 하다. 누구에게나 24시간이 주어지지만, 누구에게나 온전한 24시간이 주어지는 것은 아니다.'

시간에 대한 사용 효율이 사람에 따라 다름을 역설적으로 표현한 말이다. 그렇다. 같은 시간 같은 하늘 아래, 어떤 이들은 휴식과 공부라는 두 마리 토끼를 잡고 잠까지 푹 자지만, 어떤 이들은 항상 시간에 쫓기며 해야 할 일을 다음 날로 미루고서야 겨우 일을 끝내기도 한다.

솔직히 나는 전자에 속하는 사람도 후자에 속하는 사람도 많이 봐왔는데, 불행히도 나는 후자에 속하는 사람이었다. 앞에서도 말했지만, 하버드에 갓 입학했을 때만 해도 나는 자신감에 차 있었다. 줄곧 모범생의 길을 걸어온 내게 공부쯤은 아무것도 아니라고 생각했기 때문이다. 그러나 결국 나는 겨우 한 과목의 필독서 목록에 처참히 무너졌고, 한동안 그 충격의 늪에서 헤어나지 못했다.

그런데 사실 나뿐만 아니라 갓 대학에 입학한 신입생이라면 한 번쯤 이 같은 상황에 직면할 것이다. 여기에는 크게 두 가지 원인이 있다.

첫째, 대학생활이 정말 너무너무 즐겁기 때문이다! 다양한 커리큘럼에 명성이 자자한 교수님들의 수업이며, 활력 넘치는 동아리들까지 매력적인 요소가 넘쳐나다 보니 욕심껏 등록하다 결국 시간표를 꽉꽉 채우게 되는 것이다.

당시 나도 한 번에 동아리 여러 개를 가입했다. 여행잡지사, 아시아 학우회, 저소득층 아이들을 위한 예술교육 봉사 동아리, 그리고 교내 방송국 DJ 활동까지! 그러니 수업 시간을 제외하면 따로 공부할 시간이 얼마나 있었겠는가?

동아리 활동을 병행하면서 나는 공부 시간을 빼앗기기 일쑤였다. 공부하려면 동아리 활동 시간 외에 따로 시간을 내야 하는데, 결국 잠자는 시간을 줄일 수밖에 없었다. 물론 이렇게 한 번, 또 한 번 포기한 수면 시간은 내게 만성피로로 돌아와 공부 효율을 떨어뜨렸다. 이것이 바로 시간관리를 할 줄 몰랐던 것에 따른 후폭풍이었다. 내가 왜 시간관리를 할 줄 몰랐느냐는 두 번째 원인과 연관이 있다.

둘째, 사실 대학에 진학하기 전까지는 모범생을 포함한 학생 대다수가 선생님과 부모님이 정해놓은 시간표대로 움직이는 경우가 많기 때문이다. 언제 무슨 일을 해야 하고, 또 어떤 과목을 복습해야 하는지 비교적 명확한 계획이 미리 짜여 있기에 시간표대로만 착실히 움직이면 차질 생길 일이 없다.

그러나 대학에서는 그 누구도 이런 '보모식'의 서비스를 제공하지 않는다. 언제 공부하고, 언제 쉴지, 이 모든 일을 스스로 선택하고 결정해야 한다. 그런 까닭에 평소 자율적인 생활을 했다면 이런 상황이 익숙하겠지만, 그렇지 않다면 손해를 보기 쉽다.

심지어 어떤 학생들은 일의 우선순위를 어떻게 정해야 하는지도 모른 채 이 자유로워 보이는 생활을 만끽하다 시험 기간이 닥쳐서야 온종일 두문불출한다. 벼락치기로라도 해야 할 공부를 마쳐야 하니까!

당시엔 나도 시쳇말로 매우 '빡센' 하루하루를 보냈다. 매일 수면 시간이 다섯 시간도 채 되지 않다 보니 수업 시간에는 늘 졸기 일쑤였다. 하지만 저녁 파티에는 참석해야겠고, 과제는 끝내야 했으니 어쩔 수 없이 밤샘했다. 그렇게 낮에 졸고, 파티에 가고, 또다시 밤샘하는 생활을 반복했다. 마치 갯벌에서 한 발을 빼려다 두 발이 모두 빠져버린 듯, 노력하면 할수록 수렁에 빠지는 악순환이 반복되었다.

결국 이런 내게 손을 내밀어 나를 수렁에서 끌어내준 사람은 룸메이트 조였다! 그는 말했다.

"쉬안, 네 몸과 싸우려 들지 마."

그의 이 한마디에 나는 정신이 번쩍 들었다.

생각해보면 참 묘한 일이었다. 줄곧 모범생을 자처하며 많은 시간을 공부에 할애하던 내가 공부보다는 달리기를 더 많이 하던 운동의 달인에게 오히려 시간관리의 핵심을 배웠으니까.

하지만 그럴 만도 했다. 인간이 하루에 쓸 수 있는 체력은 제한적인데, 조 같은 운동선수는 매일 아침 일어나 훈련하고 아침 먹고 수업에 가는 것이 일상이었기에 언제 공부하고 언제 복습하고 또 언제 쉴지를 미리 정해놔야 다른 여러 일에도 체력을 안배해 일을 끝낼 수 있었기 때문이다.

다시 말해서 학교 운동선수라고 얕잡아 볼 일이 아니다. 그들은 체력 변화에 예민한 만큼 시간을 어떻게 안배해야 하는지 누구보다 잘 아는 시간관리의 고수이니까 말이다!

"괜히 엉뚱한 시간에 숨은 힘을 당겨쓰지 말고, 각 시간대에 맞게 정량의 힘을 발휘해봐."

이는 조가 내게 알려준 시간관리법인데, 나중에 심리학을 공부하다 보니 정말 과학적인 근거가 있는 것이었다.

당신은
충분한 정신에너지를 가지고 있는가?

좀 더 정확하게 말하자면 체력은 공부에 영향을 주는 한 가지 요소로, 이보다 더 큰 영향을 주는 요소를 '정신에너지(Psychic Energy)'라고 한다. 이는 심리학의 대가 프로이트가 처음 제시한 개념인데, 그는 우리의 자아가 지속적인 심리 활동을 근거로 형성되며 이 심리 활동에는 에너지가 소모된다고 보았다.

이를테면 우리의 정신에너지는 스마트폰 배터리와 같다. 100% 충전된 상태로 수업을 듣고 집으로 돌아오면 그 잔량이 20% 정도밖에 남지 않는데, 이때 또 공부하려고 하면 마음처럼 공부가 잘되지 않을 수밖에 없다. 또한 이런 '저전력' 상태에서는 자제력이 떨어져 만화나 게임 같은 소일거리에 눈을 돌리기 쉽다. 한편 또 다른 심리학자 로이 바우마이스터 교수의 한 연구 결과에 따르면 우리의 '의지력'은 유한한 에너지 시스템이다. 우리가 '생각'하고, '결정'하고, '자기 제어'를 할 때 모두 이 의지력이라는 에너지 시스템을 사용하며, 그런 까닭에 현재 에너지가 얼마나 남아 있느냐가 앞으로 처리할 일의 양과 효율을 결정한다는 것이다.

이는 우리에게 매우 중요한 사실을 시사한다. 바로 매일 사용 가능한 정신에너지에 한계가 있는 만큼 이를 어떻게 분배할지 제대로 계획해야 한다는 사실이다. 동아리 활동에 참여하고, 만화를 보고, 친구와 수다를 떠는 일 등으로 이미 하루 중 많은 에너지를 소비했다면 공부에 쓸 에너지가 많지 않아 자연히 학습 효과에도 영향을 줄 수밖에 없다.

따라서 학습 계획을 세우거나 어떤 활동에 참여하기 전에는 자신에게 해당 시간 동안 사용할 만큼 충분한 정신에너지가 있는지를 파악해 이를 적절히 분배해야 한다.

예를 들어 참가하고 싶은 말하기 대회가 있어서 준비도 하고 연습도 해야 하는데 공교롭게 비슷한 시기에 기말고사가 있다면? 아무래도 두 마리 토끼를 다 잡기란 어려울 것이다. 학습 효율을 생각하면 적어도 시험 준비 기간에는 말하기 대회 준비를 하지 않아야 하고, 일의 '전환 시점'에 따른 에너지 소모에도 주의를 기울여야 하기 때문이다.

가령 방과 후 집에 돌아오면 숙제부터 할 생각이었는데, 때마침 좋아하는 선수가 출전하는 축구 경기가 중계되고 있어서 이를 보고 숙제하기로 했다고 가정해보자. 그런데 이 경우 과연 '축구 경기 끝, 숙제 시작!'이 될까? 아마 축구 경기를 보면서 너무 흥분한 나머지 경기가 끝나고 책상 앞에 앉은 후 한참이 지나서야 겨우 마음을 다잡고 숙제를 시작할 수 있을 것이다.

이런 상황은 우리 일상생활에서 흔히 일어난다. 꼭 아침 등교 시간이 임박해서 서둘러 책가방을 챙기다 지각하는가 하면, 곧 시험이 시작되는데 친구들과 게임 얘기, 가십 얘기를 나누다 뒤늦게 시험 모드에 돌입하기도 한다.

그런데 이렇게 세부적인 부분을 제쳐놓고 원인을 찾다 보면 '어라, 내가 왜 이걸 못했지? 그것도 빼먹었잖아?' 하며 자신의 시간관리 능력이나 자기관리 능력을 형편없게 생각할 수 있다.

그러나 사실 조금만 주의를 기울여 이러한 생활 속 '전환 시점'을 찾아내면, 이를 고려해 일정을 짤 수 있고 나아가 불필요한 시간 소모와 에너지 소모 없이 더 좋은 컨디션으로 중요한 일들을 해낼 수 있다. 그러니 등교 전 자신이 주로 어떤 일들 때문에 시간을 지체하는지, 저녁에 해야 할 숙제가 있는데 방과 후 축구를 해도 될지, 잠자기 전 뭘 하느라 수면 시간이 늦어지는지 등을 살펴 하루의 계획을 짜보자.

요컨대 정신에너지라는 측면에서의 시간관리란 자신의 정신과 체력이 충만한 상황에서 특정 시간 동안 그 에너지가 충분히 발휘될 수 있도록 관리하는 일이지, 밤샘 공부처럼 일정 시간 자신을 몰아붙여 효율을 짜내는 일이 아니다.

자신의 에너지 곡선 알아보기

이쯤 되면 이렇게 반문하는 이들도 있을 것이다.

"저는 동아리 활동도 거의 하지 않고, 학교에서도 특별히 하는 일이 많지 않아서 거의 온종일 공부만 해요. 그런데 왜 늘 학습 능률이 떨어진다는 생각이 들까요? 정신에너지를 모두 공부에 사용하면 공부가 잘돼야 하는 거 아닌가요?"

좋은 질문이다! 아마 많은 사람이 같은 고민을 하고 있을 것이다. 시간을 1분 1초도 허투루 쓰지 않으며 최선을 다해 공부하는데 능률이 오르락내리락 일정치 않아 노력 대비 결과가 좋지 않은 이유는 대체 뭘까?

그것은 바로 사람마다 각자의 에너지 곡선을 가지고 있어서 시간에 따라 기복이 생기기 때문이다. 주식시장의 선도표(Line Chart)를 본 적 있는지 모르겠지만 에너지 곡선은 대략

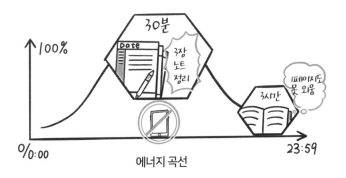

에너지 곡선

그런 모양이다.

　일반적으로 에너지 곡선의 변화는 하루 중 우리의 활력 변화를 나타낸다. 예를 들어 아침에 일어났을 때 활력이 넘치고 학습 능률도 올라간다면, 이는 당신의 에너지 곡선이 고점에 있다는 뜻이다. 반대로 오후가 되어 활력이 떨어지면서 책을 봐도 눈에 들어오지 않는다면 에너지 곡선이 저점에 있음을 뜻한다.

　에너지 곡선의 모든 점은 해당 시간 동안 주어진 일에 몰입할 만큼 충분한 정신에너지가 있는지를 나타낸다. 에너지가 충분하면 효율이 높고, 에너지가 부족하면 효율이 떨어진다.

　다만 한 가지 유념할 점은 이 에너지 곡선이 사람에 따라 다르게 나타난다는 사실이다. 보통 우리는 아침과 오전 시간에 정신이 가장 맑고, 오후가 되면 살짝 졸렸다가 저녁에 다시 활력을 일부 회복한다고 생각하지만, 모든 사람이 다 그런 것은 아니다. 아침에 가장 활력이 넘치고, 효율과 집중력도 최상의 상태를 나타내다 오후가 되면 조금씩 집중력이 흐트러지면서 효율도 떨어지는 사람이 있는가 하면, 아침에는 정신이 몽롱하다가도 오후가 되면 정신이 말짱해져 저녁에는 최고의 효율을 내는 사람도 있다.

그러나 이렇게 사람마다 에너지 곡선에 차이가 있어도 에너지 곡선의 최고점에서 활력과 의욕을 느끼고, 최저점에서 집중력 저하를 느끼며 심지어 머리가 멍해지는 기분이 든다는 공통점이 있다.

따라서 자신이 좀처럼 눈앞의 일에 주의집중을 하지 못하고 자꾸 딴생각에 빠진다면 자신의 에너지 곡선이 저점에 있지는 않은지 점검해봐야 한다.

자신의 에너지 곡선을 이해하는 것이 시간관리에 무슨 소용이 있느냐고? 자신의 하루 중 에너지 분포를 이해하면 합리적으로 시간을 사용해 일의 능률을 높일 수 있다! 에너지 곡선이 고점에 있을 때는 공부를 하고, 에너지 곡선이 저점에 있을 때는 음악 듣거나 운동하거나 집안일하는 등 되도록 머리를 쓰지 않아도 되는 일을 하는 식으로 말이다.

그렇다면 어떻게 해야 자신의 에너지 곡선을 측정할 수 있을까?

방법은 간단하다! 알람을 한 시간마다 설정해두기만 하면 된다. 물론 잠자는 시간은 제외하고 말이다. 그런 다음 알람이 울릴 때마다 자신의 정신 상태를 살펴 최고 10점에서 최저 1 점까지 점수를 매기는 것이다.

이렇게 하루 동안 측정을 한 후, 각 시간의 기록을 선으로 연결하면 자기 컨디션이 언제 가장 좋은지, 또 언제 가장 나쁜지를 확인할 수 있는 에너지 곡선이 완성된다. 이를 통해 공부 시간을 안배할 때 효율이 좀 더 높은 시간을 선택할 수 있다. 참고로 에너지 곡선의 정확도를 높이려면 3~5일 연속으로 상태 측정을 하는 것이 좋다.

편의를 위해 표준 에너지 곡선표를 만들어두었으니, 시간을 내어 자신의 에너지 곡선을 그려보길 바란다.

자, 이제 정신에너지와 에너지 곡선의 오묘함을 알았으니, 시간관리에 대한 개념이 좀 더 확실하게 자리잡혔으리라 믿는다. 요컨대 바이오리듬을 적극적으로 활용해 최상의 정신에너지를 유지하고, 이와 함께 집중하기에 좋은 시간을 골라 공부하면 학습 능률은 자연히 배가 된다.

또한 학습 능률과 생리적 상태가 밀접한 관련이 있음을 알고 나면 의식적으로 일부 행동 방식을 조정할 수도 있다. 예컨대 활력이 부족하거나 주의집중이 잘되지 않는다고 느껴질 땐 에너지 곡선의 저점에 도달했을 가능성이 있으므로 더는 무리하지 않고 휴식을 취한다거나 가볍게 산책을 할 수 있다.

에너지 추적표

<사용 방법>
1. 1시간마다 알람을 설정한다
2. 알람이 울릴 때마다 자신의 신체 및 정신에너지를 체크한다 (1~10점)
3. 각기 다른 색깔로 신체 및 정신에너지 기록을 선으로 연결한다

에너지 ▶

시간 ▶
1 2 3 4 5 6 7 8 9 10 11 12 13 14 15 16 17 18 19 20 21 22 23 24

정신에너지	10점: 정신이 맑고, 활력이 넘침 / 1점: 활력 소진	신체에너지	10점: 체력 최상 / 1점: 피로가 극심함

에너지 추적표 출처:
긍정심리학수업
제작자:
류쉬안 공식계정, 쉬안엔

공부의 고수가 되려면
자신의 활력부터 관리하자

한 번 더 말하지만, 정신에너지가 가득하고 에너지 곡선이 고점에 있을 때 학습 능률은 더 높아진다. 이럴 때는 30분만 공부해도 몇 시간을 공부한 것과 맞먹는 효율을 낼 수 있지만, 그렇지 않으면 '그저 열심히 노력한 것처럼 보일 뿐'이다.

우리는 로봇이 아니기에 활력이나 체력뿐만 아니라 정신력과 기억력에도 한계가 있어서 무제한적으로 공부에 몰입할 수 없다.

좋은 공부 습관과 올바른 시간관리가 없으면 공부에 많은 시간을 투자하면서도 노력 대비 좋은 결과를 거두지 못한다. 그러면 '나는 공부 체질이 아닌가 보다' 하며 쉽게 자신을 의심하고 부정하게 되는데, 이럴 때의 기분은 정말 엉망이라고 해도 과언이 아니다!

따라서 시간관리의 달인, 학습 능률의 왕이 되려면 먼저 활력관리의 고수가 되어야 한다. 자기 자신을 위한 뺄셈을 익혀 자질구레한 일에 사용되는 시간과 에너지를 줄이고, 외부환경의 간섭을 덜어내야 한다는 뜻이다. 또한 에너지 저점 시기에는 과감히 공부 일정을 빼 자신의 활력을 다른 일이 아닌 오롯이 공부에 사용할 수 있도록 해야 한다. 자율적인 학습이란 바로 이런 것이다!

물론 어떤 이들에겐 이런 조정이 매우 불편할 수 있다. 아무래도 공부에 할애하는 시간이 줄어들다 보니 공부를 열심히 하지 않는 것 같다는 생각에 매우 불안할 테니까. 그러나 이렇게 자신의 공부 시간을 관리하다 보면 학습 능률이 높아져 어느새 좋은 학습 효과를 거두고 있는 자신을 발견할 뿐만 아니라 분명한 통제감도 느낄 것이다. 이것이 바로 좋은 공부 습관이다. 특히 중·고등학교나 대학교에 진학하면 공부해야 할 것은 물론 참여해야 할 활동도 많아지는데, 시간에 대한 이런 통제감은 지식의 바다에서 자유롭게 유영하며 다채롭고 아름다운 학교생활 또한 놓치지 않게 도와줄 것이다.

수면도 일종의 학습 기술이다

정신에너지라는 관점에서 말하자면 이 얘기를 하지 않을 수 없다. 바로 밤잠을 중요시해야 한다는 것이다. 심지어 밤에는 잠을 자는 것보다 더 중요한 일은 없다고 여겨야 한다. 잠은 우리의 정신에너지를 근본적으로 보충해주는 정신 활동이기 때문이다.

우리는 이따금 좋지 않은 공부 습관 때문에 혹은 복습 진도를 따라잡기 위해 밤샘 공부를 하며 낮 동안의 부족함을 보충하려 한다. 잠을 조금 덜 자도 전혀 문제 되지 않는다고 여길 뿐더러 시간을 조금 더 벌었다는 생각에 커브 길에서 추월이라도 한 듯 묘한 쾌감을 느끼면서 말이다.

그러나 수면 시간에서 더 많은 시간을 짜낼수록 다음 날 일의 효율은 급격히 떨어질 수밖에 없으며, 정신에너지가 오랜 기간 저조한 상태에 머물러 있으면 비효율 상태가 지속된다는 사실을 알 필요가 있다. 이는 하루 동안의 학습 능률을 생각했을 때 엄청난 손해가 아닐 수 없다!

게다가 뇌의 작동 방식이라는 측면에서 미루어보아도 밤샘은 딱히 득이 되지 않는다. 밤잠을 잘 때 우리의 뇌는 몇 가지 수면 모드를 반복하며 활발하게 활동하는데, 심지어 깨어 있을 때 좀 더 활발히 활동하는 때도 있다. 우리가 서파 수면(Slow-wave Sleep) 상태일 때 우리의 뇌는 깨어 있는 동안 얻은 정보를 정리하며, 이 정보에 대한 기억을 강화한다. 우리가 지식을 누적하고 이해하는 데 유리하도록 단기기억을 장기기억으로 전환하는 작업이 이뤄지는 것이다.

인류의 과학사에서 수많은 과학자가 꿈에서 영감을 받아 중대한 돌파를 할 수 있었던 이유 역시 인간의 뇌가 수면 시간 동안 정보를 재처리한 덕분이다.

그런데 우리가 수면 시 뇌의 작동 모드를 이해하지 못하고 자꾸만 수면 시간을 침범한다면, 체력과 정신력 보충의 기회는 물론이고 지식과 정보의 재가공 과정까지 포기하는 지경에 이른다. 이렇게 되면 심층 학습을 하는 데도 득보다는 실이 많을 수밖에 없다.

무엇보다 한때 못 말리는 '올빼미족'이었던 사람으로서 이 말만은 꼭 하고 싶다.

"장기간의 밤샘으로 자신의 수면 시간을 침범하는 행동은 미래의 건강을 담보로 빚을 내는 것이나 다름없다. 이는 다른 모든 빚이 그렇듯 결국 갚아야 할 빚으로, 그 이자가 상당하다!"

따라서 수면의 중요성을 이해하고 규칙적으로 잠을 자는 일은 학생이라면 누구나 익혀야 할 학습 기술이다. 그렇다. 수면은 일종의 학습 기술이다!

수면의 질을 개선하는 방법

수면은 과학적으로 증명된 뚜렷한 장점이 많다. 뇌의 노폐물을 청소하고, 면역력을 높이며, 기억력을 증진하고, 체중 조절을 도우며, 알츠하이머나 심장병 등 여러 질병의 위험을 낮춰주기도 한다. 그렇다면 수면에 오랜 경험이 있는 당신의 수면 질은 과연 어떠한가?

사람 대부분은 '수면'이라고 하면 '씻고 잠자리에 누워서 자면 그만 아닌가?'라고 생각한다. 물론 사실이 그렇고, 실제로 많은 사람이 이렇게 잠을 자며, 이에 딱히 무슨 문제가 있다고 생각하는 이는 없다.

그런데 이때 우리의 심신은 과연 잠들 준비가 돼 있을까? 앞서 언급한 '전환 시점'처럼 실은 이 순간도 매우 중요한 전환점이라고 할 수 있다. 잠자기 전에 운동이나 TV 시청, 혹은 친구와의 장시간 통화로 지나치게 흥분하면 잠자리에 눕더라도 오랫동안 잠을 이루지 못하고, 그러면 자연히 수면의 질도 떨어진다. 잠잘 준비를 할 때 우리의 머릿속에 '미해결'로 남아 있는 생각이 너무 많아도 문제가 된다.

'방금 본 소설의 뒷부분은 어떻게 전개될까? 내일은 뭘 입지? 이제 시험인데 아직 못 풀어본 문제집이 많아서 어떻게 하지?'

이렇게 문득문득 들던 생각들은 별의별 잡생각으로 이어지고, 그렇게 야금야금 시간을 보내다 결국 제대로 잠을 자지 못하게 되기 때문이다. 그러면 분명 자고 일어났지만 잔 것 같지 않은 상태로 다음 날을 시작할뿐더러 온종일 컨디션이 좋지 않을 수밖에 없다.

따라서 우리는 올바른 수면 습관을 길러 제때 휴식을 취하고, 잠들기 전 심신의 준비를 마쳐 매일 질 좋은 수면을 취하도록 할 필요가 있다.

이를 위해서는 잠자기 한 시간 전의 일정이 중요하다. 적어도 이 한 시간 동안은 차분히 심신을 안정시켜 뇌에 과도한 자극이 가지 않게 해야 하는데, 그러면 잠도 더 잘 올뿐더러 잠든 후에도 질 좋은 수면을 유지할 수 있다.

예컨대 잠자기 한 시간 전에는 뇌를 쉽게 흥분시킬 만한 영화나 드라마, TV 프로그램, 애니메이션, 소설 또는 축구 경기를 보지 않는 것이 좋다. 잠자기 전 독서를 하는 습관이 있다면 마음을 차분하게 해주는 글을 읽어보자. 물론 지나치게 자극적인 음악을 들어서도 안 된다. 그 대신 잔잔하고 따스한 느낌의 순음악을 선택해보자.

자기 전의 시간을 주로 침실에서 보낸다면 커튼을 치고 조명을 어둡게 하는 게 도움 된다. 이렇게 하면 잠자는 분위기를 조성할 뿐만 아니라 하루를 마무리하는 듯한 느낌을 주어 몸과 마음의 긴장을 풀 수 있다.

잠자기 전에 머리 쓰는 일을 많이 했다면 머릿속에 여전히 많은 궁금증과 잡념이 잔존할 수 있으니, 종이 한 장을 준비해 머릿속의 생각들을 옮겨 적어보자. '두뇌 정리'라고 불리는 이 방법은 머릿속 생각을 정리해 두뇌에 공간을 마련하는 데 도움을 주어 잠을 더 편히 잘 수 있게 해준다.

또한 잠자기 전에 격렬한 운동은 가능한 한 피하는 것이 좋

다. 우리의 몸이 과도한 흥분 상태가 되면 잠을 이루기 어렵기 때문이다. 물론 이는 사람에 따라 차이가 있어서 어떤 사람은 오히려 운동한 후에 더 꿀잠을 자기도 한다. 그러니 잠자기 전 운동하더라도 자신의 상태에 맞게 진행해야 한다.

요컨대 잠자기 한 시간 전에는 두뇌와 신체에 과도한 자극을 줄이고 수면에 유리한 환경을 만드는 것이 핵심 원칙이다. 그러면 몸과 마음을 편안히 만들어 더 쉽게 잠들 수 있고, 수면의 질도 좋아진다.

잘 자기 위해서 충분한 수면 시간이 보장되어야 함은 물론이다. 어떤 이들은 아침 시간을 매우 중시하여 아침 일찍부터 공부 시간을 안배해가며 되도록 일찍 일어나려고 노력한다. 한편 이른 기상 시간을 자랑으로 여기며 누가 더 일찍 일어나 아침 시간에 더 많은 공부를 하는지 겨루는 스터디그룹도 있다. 물론 이 자체에는 아무런 문제가 없다. 다만 조기 기상을 위한 조기 기상이 되어 전날 늦게 자고도 아침에 일찍 일어나는 상황이 된다면 얘기가 달라진다. 이렇게 되면 결국 잠이 부족해 능률도 떨어질 수밖에 없기 때문이다.

솔직히 나도 이와 비슷한 실수를 한 적이 있다. 당시엔 조기 기상으로 말미암은 수면 부족이 문제가 아니라 아침에 일찍 일어나기가 여간 어려운 일이 아님을 깨닫고 밀려온 자괴감이 문제라고 생각했지만 말이다. 어쨌든 당시 나는 한동안 수업 종과 함께 아슬아슬하게 출석하는 날들을 이어가며 '내가 이렇게 자제력이 형편없는 인간이었나?' 하는 의구심을 지울 수 없었다.

하지만 아무리 발버둥을 쳐도 내게 아침 일찍 일어나기란 하늘의 별 따기만큼이나 어려운 일이었고, 그렇게 나는 아침마다 침대에 봉인된 듯한 내 몸과 기상 전쟁을 치러야 했다. 내 룸메이트 조의 한마디가 나를 이런 전쟁통에서 구해주기 전까지 말이다. 그는 말했다.

"쉬안, 일찍 일어나고 싶으면 밤에 일찍 자."

당시 조가 내게 해주었던 이 귀한 조언을 지금 이 책을 읽고 있는 당신에게도 전하고 싶다.

일찍 일어나고 싶다면 방법은 간단하다. 밤에 일찍 자면 된다!

타이머를 사용해
공부 시간의 적정성 평가하기

이제 시간관리 차원에서 어떻게 하면 합리적인 학습 계획을 세울 수 있는지 이야기해보자.

흔히 '계획은 변화를 따라가지 못한다'고 말하곤 하는데, 이는 실제로 많은 사람이 학습 계획을 세우고 실천하는 과정에서 다음과 같은 상황을 겪어봤기에 나온 말이지 싶다.

우리는 복습 계획이나 학습 계획, 숙제 계획 등을 세우기 시작할 땐 항상 자신감이 넘친다. 한 시간 동안 숙제를 하고 무슨 무슨 소설을 읽어야지, 사흘 동안 몇 장의 복습을 끝내고 하루는 총정리를 해야지, 매일 30분씩 영어책을 읽어야지…….

그러나 막상 계획을 실천에 옮기기 시작하면 아무리 해도 숙제가 끝나지 않거나, 복습에 예상보다 많은 시간이 걸리거나, 앞서 언급한 바와 같이 미루기병이 도져 끝까지 미루고 미루다 발등에 불이 떨어지기 일쑤다.

한마디로 우리가 원하는 것과 할 수 있는 것에 큰 편차가 생기는 것인데, 대체 왜 이런 현상이 나타나는 걸까? 개인의 능력이나 자제력의 문제일까, 아니면 애초에 우리가 너무 이상적인 계획을 세웠기 때문일까?

일단 자신을 부정하는 일은 나중으로 미루고 먼저 '시간'에 대한 얘기를 해보자(이번 장의 주제가 '시간관리'인데, 이제야 본격적으로 시간 얘기를 하게 되다니, 하하……)!

당신은 시간이 뭐라고 생각하는가? 시계나 스마트폰 없이 시간을 잰다면 당신은 무엇으로 시간의 흐름을 느낄 수 있겠는가?

먼저 간단한 테스트를 해보자. 타이머를 준비해 5초의 시간을 설정한 후 타이머의 숫자 변화에 따라 5, 4, 3, 2, 1을 카운트해보는 것이다. 그런 다음 다시 5초를 설정하되 이번에는 시작 버튼을 누른 후 타이머를 보지 않고 5초를 센 다음 정지 버튼을 눌러 타이머의 시간을 확인해보자.

자, 어떤가? 아마 약간의 오차가 생겼을 것이다. 타이머를 보지 않고 5초를 정확히 계산하기란 거의 불가능한 일이기 때문이다. 물론 이 정도 오차는 별것 아니라고 생각할 수 있다. 그러나 이러한 약간의 오차들이 하루라는 시간 동안 차곡차곡 쌓인다면 이는 결코 무시할 수 없는 시간이 된다.

자신의 느낌으로 시간의 길고 짧음을 판단하는 능력을 '상대적 시간 감각'이라고 한다.

그런데 이 감각에는 한 가지 큰 문제가 있다. 바로 시계처럼 기준이 되는 참조물이 없으면 그 정확성을 보장할 수 없다는 점이다. 기본적으로 개인이 느끼는 시간의 길이는 현재 자신이 무엇을 하고 있느냐에 따라 결정된다고 해도 과언이 아니다. 예컨대 영화를 보거나 재미있는 게임을 할 때는 두 시간도 짧게 느껴지지만, 자신이 싫어하는 과목의 수업을 듣는다거나 재미없는 책을 읽을 때는 10분도 길게 느껴진다.

여기서 포인트는 계획을 세우거나 공부를 시작할 때 자신이 느끼는 체감 시간을 고려하느냐다. 복습 시간으로 두 시간을 계획했다면 실제로는 네 시간이 걸리는 일이 아닌지 생각해볼 필요가 있다는 뜻이다.

문제는 우리 자신의 능력과 시간의 정합관계를 잘 알지 못해서 시간 감각의 부정확성을 높인다는 데 있다.

한번은 내 딸아이가 문제지를 풀어야 한다기에 다 푸는 데 얼마나 걸릴 것 같냐고 물어본 적이 있다. 딸아이는 30분 정도 걸릴 것 같다고 말했다. 잠시 후 문제지를 다 풀고 온 아이에게 나는 다시 물었다.

"얼마나 걸린 것 같아?"

딸이 대답했다.

"이십오 분 정도?"

이후 함께 시계를 확인한 결과 실제로 걸린 시간은 45분이었다. 딸아이는 체감 시간보다 훨씬 많은 시간이 걸렸다는 사실에 자못 놀라워했다.

이처럼 내가 하고 싶은 일과 실제로 할 수 있는 일 사이에 존재하는 편차는 우리가 시간관리에 번번이 실패하는 주요 원인 중 하나다. 그런 까닭에 학습 계획을 세울 때는 먼저 모든 일의 예상 소모 시간을 최대한 정확하게 가늠하는 작업이 선행되어야 한다. 그래야 시간에 대한 장악력을 높여 좀 더 수월하게 계획한 일을 완수할 수 있다.

그렇다면 어떻게 해야 예상 시간을 정확하게 가늠할 수 있을까? 타이머를 사용하면 된다. 과제를 하든, 본문 내용을 외우든, 문제집을 풀든, 학습하는 데 사용한 모든 시간을 기록해보는 것이다. 이런 기록이 쌓일수록 더 정확한 시간 감각을 갖게 되고, 그러면 공부 계획을 세울 때 목표를 너무 높게 잡는 불상사를 피할 수 있다. 우리는 종종 자기 능력을 과대평가하는데, 이러한 과대평가가 결국 시간 돌려막기로 이어져 계획을 마비시킨다는 사실을 기억해야 한다.

혹자는 이런 말을 할지도 모르겠다.

"시간 사용의 효율을 높이려는 건 짧은 시간 안에 공부를 끝내고 싶어서인데, 내 평소 수준에 맞춰 공부하라니! 그럼 언제 복습을 끝내고, 또 언제 숙제를 끝내죠?"

단언컨대 자신의 현실과 능력을 직시해 자기 능력 범위 내의 일을 하는 것이야말로 최고의 효율을 보장하는 방법이다. 자기 능력을 고려하지 않은 학습 계획은 그저 '눈 가리고 아웅' 하는 수작에 지나지 않는다.

그러니 자신이 계획한 일을 완수하지 못하고 있다면 혹은 계획한 시간보다 훨씬 많은 시간이 걸린다면, 이는 그 일을 하는 데 필요한 시간을 너무 적게 잡았거나 너무 높은 목표를 설정해 자신의 시간을 당겨쓰고 있다는 방증이다. 고로 계획을 재정비할 필요가 있다는 뜻이다.

SMART 법칙을 활용해
학습 계획 세우기

학습 계획을 세우는 데 매우 유용한 방법이 있다. 경영학의 대가 피터 드러커(Peter F. Drucker)가 제시해 주로 기업의 성과관리에 활용되는 방법이지만, 학습에 그대로 적용해도 좋을 방법이다. 이 법칙의 이름은 'SMART'로, '똑똑하다'라는 뜻을 가진 영단어와 같다.

SMART의 다섯 개 알파벳은 각각 다섯 개의 요점을 대표한다.

S, Specific, 구체적이어야 한다.

M, Measurable, 측정 가능해야 한다.

A, Actionable, 실행 가능해야 한다.

R, Realistic, 현실적이어야 한다.

T, Time-bound, 기한이 있어야 한다.

예컨대 평소 취약 과목이 영어라서 6개월 동안 영어 실력을 높여보겠다 결심하고 다음과 같은 계획을 세웠다고 해보자.

목표: 6개월 동안 영어 실력 높이기.
방법: 매일 30분씩 영어 공부하기. 주마다 영어 문제지 풀기.

우리가 평소에 학습 계획을 세울 때 항상 이런 식이지 않았던가? 하지만 이런 계획은 보기엔 아무 문제가 없지만, 막상 실행하고 보면 허점투성이라 중도에 포기하기 십상이다. 실제로 실행 가능한 계획이라기보다 바람을 제시한 것에 가깝기 때문이다.

SMART 법칙에 따라 따져보면 앞의 계획은 우선 전혀 구체적이지 않다. 6개월이라는 시간 동안 영어 실력을 높이겠다는 목표는 너무 포괄적이다. 영어 실력에는 말하기, 듣기, 읽기, 쓰기, 번역하기가 모두 포함되는 데다 시험 성적 또한 영어 실력을 대표할 수 있는데, 대체 어떤 실력을 높이겠다는 말인가? 학습 목표는 반드시 Specific, 구체적이어야 한다. 차라리 6개월 동안 기출문제에 나왔던 단어 1,000개 외우기나 교과서의 모든 영어 음원을 무리 없이 알아들을 수 있게 공부하기로 목표를 설정하는 게 낫다.

한편 매일 30분씩 영어 공부하기는 어떻게 하겠다는 행동만 있을 뿐 결과에 대한 요구가 없으며, 30분 동안 무엇을 공부할 것인지, 문제집을 풀 것인지 혹은 단어를 외울 것인지 확실치 않다. 이 경우 매일 오전 영단어 20개 외우기처럼 Measurable, 즉 자신의 노력이 효과적인지, 자신의 실력이 늘고 있는지 측정 가능한 계획으로 수정해야 한다.

앞의 학습 계획을 실현하려면 Actionable, 구체적인 행동도 필요하다. 물론 매일 30분씩 영어 공부하기도 하나의 행동 계획이긴 하지만 구체적이지 않다. 차라리 '매일 저녁 식사 후 30분을 온전히 영어 공부에 할애해 6개월 중 홀수 달에는 단어를 외우고, 짝수 달에는 듣기 훈련을 한다'라고 계획을 설정해보자. 이렇게 구체적으로 계획을 세우면 매일 자신이 뭘 해야 할지를 분명히 알 수 있기에 공부할 때마다 '지금은 뭘 할까?'를 생각할 시간을 절약할 수 있다.

다음으로 계획에는 Realistic, 현실성이 있어야 한다. 자신의 학습 능력과 안배한 시간을 고려해 목표를 너무 높게 잡아서는 안 된다. 이미 너무 바쁜 하루하루를 보내고 있어서 영어 공부를 하는 데 30분을 내기도 힘든 상황이라면 공부 시간을 30분으로 정해서는 안 된다는 뜻이다. 이렇게 되면 매일 계획을 실행에 옮기지 못할 확률이 높아서 결국 계획 실패로 이어질 것이기 때문이다. 한편 자신의 영어 실력이 형편없다면 새로운 교제를 공부하기보다 작년에 배운 내용을 다시 복습해

기초부터 다지는 게 좋다. 학습 계획에 현실성을 부여하려면 주제 파악이 필수다.

마지막으로 Time-bound, 기한을 정해야 한다. 한도 끝도 없는 계획은 마치 장기 계획처럼 느껴질 수 있지만, 실은 일을 늘어지게 만든다. 따라서 6개월 동안 영어 실력을 높이기로 정했다면, 이 6개월은 계획한 모든 목표를 실현할 수 있는 시간이어야 한다. 무턱대고 세운 계획이 아니라 자신에게 주어진 시간과 에너지, 학습 능력 등을 종합적으로 고려해 세운 계획이어야 성공할 가능성이 생긴다.

이렇게 SMART 법칙을 활용해 학습 계획을 세우고, 이를 행동으로 옮기다 보면 주체적으로 시간을 관리하고, 학습 진도를 조정할 수 있게 된 자신을 발견할 것이다. 물론 당장은 남들보다 진도가 뒤처지거나 자신이 그리는 이상적인 모습과 멀어질 수도 있다. 그러나 시간과 학습 진도에 대한 통제 가능성을 갖게 되면, 자신이 올바른 길을 가고 있으며 조만간 목표에 도달할 수 있다는 믿음이 생겨 항상 공부하고 있긴 하지만 성취감의 부재로 무기력에 빠지는 일은 피해 갈 것이다.

'스라벨'로
자신에게 자유 시간 주기

시간관리는 자기관리와 매우 밀접한 관련이 있으며, 앞서 언급한 미루기병이나 집중력 등과도 서로 호응한다. 이는 하나의 동떨어진 기술이 아니라 각 요소를 종합한 결과다. 그런 까닭에 이 여러 요소를 연동해 좋은 습관으로 만들면 좋은 학습 효과를 얻을 수 있다.

하지만 어디까지나 이 방법들을 실행하는 주체는 사람이다. 사람은 매일의 상태에 기복이 있고, 사람이 하는 일에도 경중과 완급이 있다. 우리는 컴퓨터도, AI도 아니기에 프로그램을 따라 빈틈없이 일을 진행할 수 없다. 매일 상황은 변하게 마련이며, 돌발 상황은 시도 때도 없이 찾아와 우리의 원래 계획을 방해하기도 한다. 따라서 아무리 시간관리의 고수일지라도 완벽한 일정을 짜, 모든 일을 순조롭게 마칠 수 있는 것은 아니다.

요컨대 시간관리할 때는 이러한 사실을 인지하고 모든 일정을 너무 빡빡하게 계획하기보다 여유를 둘 필요가 있다. 그래야 계획대로 목표를 완수할 수 없게 되었을 때 이를 만회하고 보충할 여지가 생긴다.

학생들에게는 당연히 공부가 중요하다. 하지만 공부가 전부일 수 없음을 잊지 말아야 한다. 학생에게도 개인의 생활이 있고, 좋아하는 책이 있으며, 취미와 관심사가 있다. 또한 생활에는 리듬이 있어야 하며, '스라벨(Study and Life Balance)', 즉 공부와 삶의 균형이 필요하다. 그래야 좋은 컨디션으로 더 오래, 더 좋은 결과를 만들어낼 수 있다.

그러니 매일 단 10여 분이라도 온전히 자신만을 위한 시간을 남겨보자. 이 시간에는 자신이 하고 싶은 일이 무엇이든 죄책감 없이 마음껏 할 수 있도록 말이다.

이 시간을 열심히 공부한 보상으로 삼아도 좋다. 특히 매일 빡빡한 학습 일정에 공부 스트레스가 이만저만이 아니라면 이 잠깐의 자유 시간이 숨돌릴 틈이 되어 팽팽하게 당겨진 긴장의 끈이 끊어지지 않도록 심리적 회복탄력성을 더해줄 것이다.

사람에게 주어진 하루는 24시간뿐이지만 1년이면 365일이나 된다. 합리적인 시간 분배로 적절히 계획을 세우기만 하면 해야 할 공부는 얼마든지 할 수 있다. 시간관리는 하나의 방법으로 지속성, 즉 꾸준함이 관건이다. 매일 반걸음씩 전진하면 천 리를 갈 수 있다. 작은 강물이 모여 바다를 이루는 법! 하루하루의 소소한 변화와 노력이 쌓이면 결국 엄청난 결과를 만들어낼 것이다.

Chapter 09

감정 통제력:
감정관리를 못하면 학습력이 무너진다

'공부와 감정에 어떤 상관관계가 있을까?'

이 질문에 사람들은 흔히 두 가지 경우를 떠올린다. 기분이 좋지 않을 때 개인적 문제에 골몰하느라 수업에 제대로 집중하지 못하는 경우, 그리고 기분이 엉망일 때 머릿속이 복잡해져 아무것도 하기 싫은 지경에 이른 경우…….

그러나 우리의 감정이 공부에 미치는 영향은 비단 이게 다가 아니다! 관련 심리학 연구 결과에 따르면 우리의 뇌가 모든 걸 제어할 것이라는 기존의 생각과 달리, 사실 우리의 몸과 마음(뇌)은 서로 영향을 주고받는 하나의 시스템이다.

기분 좋을 때 우리는 어떤 일을 해낼 수 있는 원동력과 체력이 생기며, 지구력도 강해진다. 한편 기분이 나쁠 때는 소화작용마저도 느려진다. 그 반대도 마찬가지다. 몸 상태가 엉망이면 기분도 엉망이 된다.

학습이 하나의 종합 프로젝트임을 생각하면 우리 감정이 그야말로 학습 면면에 영향을 미칠 수 있다는 뜻이다. 그러므로 학습에서의 감정관리 중요성은 아무리 강조해도 지나치지 않다.

하버드의 BSC

내가 하버드에서 공부할 땐 심지어 학교에 전문적으로 학생들의 대학생활 적응을 돕는 기관이 있었는데, 이 기관의 주요 업무 중 하나가 바로 학생들의 감정관리를 돕는 일이었다.

이 기관은 우리 기숙사인 애덤스 하우스(Adams House)와 같은 거리에 있는 흰색 목조건물에 자리하고 있었다. 100여 년의 역사를 가진 다른 붉은 벽돌 건물에 비하면 이곳은 너무나 수수해 잘 눈에 띄지 않았다.

나도 대학교 1학년 때 자주 그 앞을 지나다녀서 많은 학생이 들락날락하는 모습을 보기는 했지만, 딱히 눈여겨본 적은 없었다.

그러다 2학년이 되어 수업이 많아지고, 학교생활이 갈수록 바빠지면서 그제야 그 흰색 목조건물의 중요성에 대해 알게 되었다. 그곳은 학업상담소(Bureau of Study Counsel)로, 학생들 사이에서는 약칭 'BSC'라고 불렸다.

1950년대에 설립된 이 학업상담소는 미국 최초의 대학 심리상담기관인데, 하버드대생들에게 개인의 성장을 위한 지도와 학습전략 등을 제공하는 일을 했다.

어떤 이는 이렇게 물을 것이다.

"하버드대학교에 입학할 정도면 이미 대단한 학생들인데 무슨 개인 지도가 더 필요한가요?"

물론이다! 내가 갓 대학에 들어갔을 때 얼마나 헤맸는지를 고백하지 않았던가! 학업상담소는 바로 나 같은 학생들을 위한 곳이었다!

소위 명문 대학에 다니는 학생들은 뭐든 잘할 거라는 생각, 사실 이는 우리가 반드시 깨야 할 편견 중 하나다. 공부 잘하는 학생이라고 해서 꼭 완벽한 공부 습관이 있는 것도 아닐뿐더러 여러 요소에도 흔들림 없이 자신을 잘 돌볼 수 있는 것은 아니기 때문이다.

실제로 내 주변에는 고등학교를 1등으로 졸업하고 하버드에 입학할 정도로 공부 능력자였지만, 무슨 이유에서인지 입학하고 얼마 지나지 않아 성적이 떨어지더니 우울감을 드러내는 학생들이 있었다. 내 친구가 알고 지내던 어느 공붓벌레는 갑자기 멘탈 붕괴를 겪고는 자신의 방에 틀어박혀 수업 출석도 심지어 식사도 하려 하지 않았다고 했다. 왜일까?

보기에는 그저 순조롭게 대학에 입학한 듯해도 사실 그들의 마음속에는 여러 스트레스와 문제가 있었기 때문일 터다.

예컨대 고등학교 때까지 줄곧 '공부 천재'라는 타이틀을 지켜오던 학생이라면 대학에 입학해 자신보다 잘난 사람들이 차고 넘치는 상황에 적응하지 못하고, 자신이 경쟁력을 잃었다는 생각에 멘탈 붕괴를 겪었을 수 있다.

그런가 하면 어려서부터 부모님의 말씀에 따라 그저 설계된 계획대로만 살다가 갑자기 자신이 주체가 되어야 하는 환경에 내던져지자 어찌할 바를 모르고 겉도는 학생도 있었을 것이다.

또 어떤 학생들은 거의 병적인 완벽주의로 자기 자신을 괴롭혔을지도 모른다. 상대적으로 지식의 총량이 크지 않은 고등학교 과정에서는 아무리 잘해도 만족할 줄 모르고, 마냥 부족하다고 생각하는 완벽주의 성향이 어느 정도 도움 됐을 수 있다. 그러나 대학이라는 열린 시스템은 그야말로 끝이 없는 지식의 바다라서 완벽주의자에겐 스스로 끊임없이 무거운 짐을 짊어지게 만드는 환경이었을 테니까.

한편 어려서부터 부모님의 엄격한 교육을 받은 탓에 지금껏 자신의 불만이나 불쾌함을 표현할 기회가 없던 학생들도 있었을 것이다. 이들은 자신의 감정을 표현할 엄두도 내지 못한 채 그저 마음속에만 꾹꾹 눌러 담아두다 결국 자신이 진짜 원하는 게 무엇인지조차 모르는 지경에 이르렀을 것이다.

그리고 개중에는 불행한 가정환경이나 개인적 문제 때문에 자신의 몸과 마음을 돌보지 못하고, 그러면서 자신의 감정을 다스리지 못하게 된 학생도 있었을 것이다. 또 어떤 학생들은 계절이 바뀔 때마다 가벼운 우울감을 겪기도 하고, 계절성 우울증이 심한 경우 휴학을 선택하기도 했을 것이다.

이들 중 일부는 BSC에 방문해 상담과 도움을 받았을지도 모른다. 나도 대학에 다니는 4년 동안 여러 번 BSC를 방문했다. 내 감정이 공부에 영향을 미치는 것이 싫었지만, 이를 제어하지 못한 채 걷잡을 수 없이 초조해지는 나를 발견해서였다. 당시 BSC에서 봤던 얼굴들을 생각하면 그곳을 찾은 학생들도 나와 비슷한 처지가 아니었을까 싶다.

어쨌든 BSC의 상담사는 하나같이 인내심이 있고 경험이 풍부했다. 해마다 그곳을 찾는 학생들이 끊이지 않는 만큼 거의 모든 상황을 마주했기 때문이 아닐까 싶은데, 나는 이런 그들에게서 한 가지 중요한 원칙을 배웠다. 바로 정말 열심히 공부할 생각이 있다면 감정관리를 안 할 수 없고, 감정관리를 제대로 하려면 몸과 마음의 목소리에 귀를 기울이는 법부터 배워야 한다는 것이었다.

예컨대 최근 중요한 시험을 앞두고 스트레스를 많이 받고 있다거나 부쩍 짜증이 늘었다면 혹은 피로감에 허덕이고 있다면, 이는 몸이 우리에게 보내는 신호라고 할 수 있다. 그런데 이때 우리는 보통 부정적인 감정을 피해 게임을 하거나 놀거리를 찾는다. 이렇게 몸이 보내는 신호를 외면하려 하는 것이다.

하지만 이렇게 해서는 잠시 상황을 모면할 수 있을지 몰라도 문제를 해결할 수는 없다.

이런 신호를 받았을 때의 올바른 대응 방식은 배후의 원인을 찾아 스트레스 해소에 도움 될 다양한 방법을 시도해보는 것이다. 한 번 더 말하지만, 신호를 외면하고 회피하는 것은 근본적인 문제 해결법이 아니다.

그런 의미에서 몸이 신호를 보내올 땐 이 방법으로 스스로 맥을 짚어볼 것을 추천한다. 바로 종이와 펜을 준비해서 현재 자신의 몸과 마음이 겪고 있는 느낌을 모두 적은 다음 차근차근 자문해보는 것이다.

'내가 왜 이런 느낌을 받는 걸까? 왜 이런 기분이 드는 거지?'

자신의 감정 진단하기

보통 이렇게 마음을 가라앉히고 자신의 몸과 마음의 느낌을 기록해 그 이유를 자문하면 금세 문제의 근원을 파악할 수 있다.

예컨대 자꾸만 밀려오는 짜증에 공부할 마음이 생기지 않는다면 그 느낌을 기록하는 과정에서 실은 자신이 꽤 지친 상태임을 발견할 수 있을 것이다. 또한 자문하는 과정을 통해 활력 부족과 집중력 저하의 원인이 어젯밤 늦게 잠자리에 든 데다 수면의 질도 좋지 않았다는 데 있음을 깨달을 수 있을 것이다. 그렇다면 잠깐 시간을 내 눈을 붙이거나 오늘 밤에는 일찍 잠자리에 들어 문제를 해결할 수 있다.

자꾸 초조하고 불안하고, 극심한 스트레스에 머리까지 아픈 지경이라면 스스로 이런 질문을 던져보자.

'내가 왜 스트레스를 받는 걸까? 이 스트레스는 어디에서 온 걸까?'

어쩌면 최근 정말 중요한 시험을 앞두고 있는데, 복습할 시간이 부족해 시험을 잘 볼 자신이 없기 때문일 수도 있다. 이럴 때는 제한된 시간 안에 합리적인 복습 계획을 세우는 방법으로 문제를 해결할 수 있는데, 여기에는 선생님께 도움받을 부분과 친구들과 함께 해결할 부분을 판단하는 과정도 포함된다. 이렇게 계획을 세우다 보면 몸의 긴장과 스트레스 또한 완성되어가는 계획과 함께 점차 해소됨을 느낄 수 있을 것이다.

이것이 바로 몸과 마음의 소리에 귀를 기울여 심신이 보내는 신호에 정면 대응함으로써 공부에 지장을 주는 감정 문제를 스스로 해결하도록 돕는 방법이다.

물론 때로는 구체적인 원인을 찾기 어려운 감정들도 있을 것이다. 그러나 이러한 감정들에서 빨리 벗어나고 싶다면 방법은 있다.

이유 없이 화가 난다거나 짜증이 나고, 불안한 마음이 드는 등 감정이 격해질 때는 이렇게 해보자.

1. 얼음물 한 잔을 마시거나 차가운 물로 세수한다

찬물에 얼굴을 담그면 심장박동이 느려지는 일종의 신경 반응이 일어난다. 마찬가지로 얼음물을 마셔도 열을 식히는 효과를 볼 수 있다. 감정이 격해지면 머리에서 열이 나는데, 이때 체온을 낮춰주면 냉정을 되찾아 현재의 감정에서 벗어날 수 있다. 그러니 '냉정'이라는 말 자체가 방법임을 잊지 말자.

2. 스트레칭한다

스트레스는 몸에 누적되어 긴장과 통증을 유발한다. 이때 스트레칭을 해주면 스트레스가 완화되는 효과가 있다. 그런 의미에서 요가는 매우 좋은 운동이라고 할 수 있다. 몸의 곳곳을 펴고 늘일 수 있을 뿐만 아니라 어떤 자세를 유지하든 몸의 균형과 호흡 조절이 필요하기 때문이다. 나는 개인적으로 '브륵샤아사나(Vrksasana)'라고 하는 나무 자세를 좋아하는데, 이 자세를 30초 정도만 유지해도 마음이 차분해짐을 느낄 수 있다.

3. '4, 5, 6 호흡법'으로 심호흡한다

4초간 천천히 숨을 들이마시고, 숨이 가득한 상태로 5초간 숨을 참아보자. 그리고 다시 6초간 숨을 내뱉는 호흡법을 연속 3회 실시하는 것이다.

이 호흡법에서 가장 중요한 것은 천천히 자신의 호흡을 느끼며 충분한 시간을 가지고 각 단계를 수행하는 데 있다. 이를 위해서는 절대 서두르지 말고 천천히, 깊게 숨을 들이마시고 내쉴 수 있도록 자신의 숨 근육을 조절해야 한다. 이런 호흡법은 부교감신경을 작동시켜 심신 안정에 도움을 준다. 자신이 쉽게 밤잠에 들지 못하는 편이라면 '4, 5, 6 호흡법'을 여러 번 시도해볼 것을 추천한다. '6, 7, 8 호흡법'으로 시간을 늘려 5회 연속 진행해도 좋다. 이렇게 자신의 호흡에 집중하다 보면 점점 졸음이 오는 걸 느낄 것이다.

기분이 우울하고 왠지 몸이 찌뿌듯하며 좀처럼 기운이 나지 않을 때는 이렇게 해보자.

1. 따뜻한 음료를 한 잔 마신다

최소 250cc의 따뜻한 물 한 잔을 마시면 몸에 금세 열이 돈다. 이는 얼음물을 마셨을 때 몸의 열이 식는 것과 같은 원리다. 따끈따끈한 음료를 한 잔 들이켜고 나면 곧바로 기운이 드는 느낌을 받을 것이다.

2. 음악을 들으며 바벨 들기 동작을 한다

신나는 음악을 틀어놓고 그 리듬에 맞춰 영차영차 바벨 드는 동작을 해보자. 등을 곧게 편 상태에서 바벨을 머리 위로 들었다가 어깨높이로 내린다는 느낌으로 빠르게 두 팔을 올렸다 내렸다 해보는 것이다. 음악 한 곡이 끝날 때까지 이렇게 움직여주면 전신이 후끈 달아오르는 느낌을 받을 수 있다.

3. 플랭크에 도전한다

몸풀기의 효과가 있음은 물론이고 우리의 마음을 진정시켜 줄 뿐만 아니라 근지구력과 집중력을 길러주고, 다이어트에까지 도움 되는 운동법이 있다면 믿겠는가? 그렇다! 거의 만능에 가까운 이 운동법의 이름은 바로 플랭크다. 아마 다들 체육 시간에 배운 적이 있을 텐데, 플랭크 운동을 하는 방법은 다음과 같다.

엎드린 자세에서 팔뚝으로 중심을 잡고 두 발을 어깨너비만큼 벌린 상태로 어깨와 등, 엉덩이를 일직선으로 만든다. 턱을 살짝 당기고, 팔꿈치와 어깨는 일자가 되도록 유지하며, 등을 곧게 편 채 복부에 힘을 준 상태로 버티기에 들어가는 것이다. 이때 가장 중요한 점은 숨을 참지 말고 안정적인 호흡을 유지해야 한다는 것이다. 이렇게 30초 버티는 것을 시작으로 점차 시간을 늘려간다. 그러면 언제든 심신의 상태를 조절할뿐더러 몸매도 다듬을 수 있어서 '일거N득'의 효과를 볼 것이다.

한편 머릿속에 생각이 많아 좀처럼 마음을 가라앉힐 수 없을 때는 두뇌 정리를 해보자.

앞에서도 간단하게 소개했던 방법인데, 고민거리나 잡생각이 좀처럼 사라지지 않을 때 종이와 펜을 준비해 머릿속 생각들을 전부 끄집어내는 것이다. 카테고리를 분류해가며 논리정연하게 정리할 필요 없이 그저 닥치는 대로 생각을 적으면 된다. 단순 키워드만 적거나 간단한 그림을 그려도 상관없다. 자신의 머릿속에 있는 생각을 백지로 '다운로드'하는 데 그 목적이 있기 때문이다.

우리는 종종 짜증을 내지만 자신이 왜 짜증을 내는지 모를 때가 있다. 하지만 이럴 때도 본인의 생각을 종이에 쏟아내고 나면 마치 한시름을 던 듯 묘하게 홀가분한 기분을 느낄 수 있을 것이다. 그것이 비록 낙서 같을지라도 말이다.

사실 우리의 뇌에는 우리가 어떤 일을 마음에 두고 있을 때 걱정이나 염려 혹은 궁금증이 생겨 끊임없이 이를 생각하게 만드는 특별한 메커니즘이 있다. 우리의 잠재의식이 이를 잊어서는 안 된다고 끊임없이 알림 작용을 하는 셈인데, 두뇌 정리는 바로 이러한 특징을 활용한 방법이다.

즉, 마음에 두고 있는 일들을 종이에 적음으로써 우리의 잠재의식에 '생각하고 있는 일들은 이미 기록해두었으니 잠시 옆으로 미뤄두어도 괜찮아'라는 메시지를 주는 것이다.

물론 이 방법의 효과는 30분 정도로 일시적이기는 하다. 그

러나 이 시간 동안만큼은 비교적 명료한 생각을 가질 수 있어
서 공부하기 전이나 잠자기 전에 두뇌 정리를 하면 단기 집중
혹은 숙면에 도움 될 것이다.

어떻게 부정적인 감정을
대할 것인가?

우리의 몸과 마음이 겪고 있는 느낌을 종이에 적고 보면 대부분의 감정 문제가 어떤 구체적인 일에서 비롯된다는 사실을 알 수 있다. 다시 말해 우리가 겪고 있는 대부분의 감정 문제는 그 원인을 찾고 나면 자연히 해결의 실마리가 생기게 되어 있다는 뜻이다.

그러나 일부 오래 묵은 감정 문제는 좀 더 세심하게 접근해 그 감정을 다루고, 나아가 감정을 전환하는 방법을 찾아야 한다.

예컨대 머릿속에서 부정적 평가의 목소리가 불쑥불쑥 들려오는 것은 사람들이 묵은 감정 문제를 겪을 때 흔히 나타나는 증상 중 하나다.

마치 우리의 머릿속에 누군가가 살고 있기라도 한 듯 자꾸 우리에게 말을 걸어오는 것이다. 아침 기상 시간이 임박했을 때 이 목소리는 우리를 재촉하며 말한다.

"얼른 일어나, 지각하겠다!"

그러면 우리는 속으로 "오 분만, 딱 오 분만 더 잘게"라고 대꾸하고는 결국 30분 후 화들짝 잠에서 깬다. 그럼 이 목소리는 이를 놓치지 않고 또 한마디 한다.

"망했네. 오늘 첫 교시 ○○○ 선생님 수업인데, 그 무서운 선생님 수업에 지각이라니!"

급히 옷을 챙겨 입고 가방을 메고 문밖으로 뛰쳐나가는 순간에도 그 목소리는 여전히 비난을 이어가고 있을지 모른다.

그렇다면 그 목소리의 주인공은 대체 누구일까? 물론 우리 자신에게서 비롯된 목소리임에는 틀림없지만, 그 말투나 태도, 어휘 사용 등에 유의해 귀를 기울여보자. 왠지 어디선가 들어본 적 있는 목소리와 닮지 않았나?

그 목소리는 어쩌면 부모님이나 선배, 친구 등 평소 부정적인 말로 우리를 공격했던 누군가에게서 비롯된 것일 수 있다.

마치 우리의 머릿속에 음원이 저장되기라도 한 것처럼 그의 목소리가 오랜 시간 끊임없이 반복 재생되다 보니 이를 우리 자신의 목소리로 인식하는 지경에 이른 것일 수 있다는 뜻이다. 한마디로 우리가 어떤 실수를 하거나 좌절을 겪을 때마다 어김없이 등장하는 비난과 책망과 공격의 목소리는 경험에 의한 산물이라고 할 수 있다.

내가 아는 한 학생도 그랬다. 그 학생은 평소 참 영특하고 타고난 일 처리 능력도 뛰어났지만, 어려운 일이 있을 때마다 습관적으로 이런 말을 했다.

"난 안돼. 난 그냥 멍청한걸."

그러다 정말 장애물이 생기면 이내 포기하는 길을 선택해 다른 친구들에게 그 뒷수습을 맡기기도 했다.

물론 그 학생의 친구들은 그런 그를 이해하지 못했고, 나 역시 답답한 마음이 있었다. 그런데 나중에 알게 된 사실이지만 그 학생의 행동에는 다 이유가 있었다. 평소 어머니로부터 게으르고 굼뜨다는 등 큰일은 제대로 하지도 못하면서 작은 일은 하기 싫어한다는 등 늘 비난을 받아왔던 것이다. 그러다 보니 그도 어느새 자신을 그런 사람으로 받아들이고 일할 때마다 용두사미의 모습을 보였던 것이다. 그랬다. 가족에게 부정적인 언어 공격을 받은 상처는 이렇게 무서운 것이다!

그렇다면 자꾸만 우리의 머릿속을 헤집고 다니는 이 부정적인 목소리를 어떻게 다뤄야 할까?

부정적인 목소리의
대변신을 꾀해보자

우리는 쉽게 다른 사람에게 시선을 돌린다. 그게 상대를 관찰하기 위해서든, 관심을 표하기 위해서든 상관없이 말이다. 우리는 타인의 삶에서 동질감을 찾으려 하며, 나와 비슷한 누군가가 힘든 상황에 놓이면 그를 비판하기보다 그를 보듬으며 포용하려는 경향을 보이기도 한다.

물론 타인에 대한 공감은 우리에게 매우 중요한 능력이다. 그러나 다른 누구보다 더 많이 공감하고 관심을 가져야 마땅한데도 늘 뒷전이 되는 사람이 있다. 그건 바로 우리 자신이다.

우리는 공부해야 하고, 시험도 봐야 하며, 경쟁에도 참여해야 하기에 당연히 높은 목표와 조건을 가질 수밖에 없다. 하지만 그렇다고 아침부터 저녁까지 온종일 자신을 몰아붙이고, 자신의 부족함을 자책하며, 자기 자신을 못살게 굴 필요는 없다. 이는 노력하지 않는 자신을 위해 평계를 대라는 얘기가 아니라, 자신을 이해하고 좀 더 사랑하는 법을 배워야 한다는 뜻이다.

그러니 자신의 머릿속을 헤집고 다니는 부정적인 목소리에 오랫동안 시달렸다면, 그래서 이제는 변하고 싶다면 이렇게 해보자.

자신의 인생에서 가장 인자하고 가장 따뜻했던 존재를 떠올려보는 것이다. 할머니이든 선생님이든, 그런 존재를 떠올렸다면 그 사람의 목소리로 자신의 머릿속에 맴돌던 기존의 목소리를 대체해보자.

물론 적응하기까지 어느 정도의 시간이 필요하겠지만, 이렇게 하면 여러 감정 문제를 근본적으로 해결할 수 있다.

그러니 스트레스를 받거나 억울한 마음이 드는 등 감정적인 문제가 생겼다면, 그 사람이 따뜻한 목소리로 이렇게 위로

의 말을 건넨다고 상상해보자.

"힘내, 넌 분명 해결 방법을 찾을 수 있을 거야. 넌 할 수 있어."

어쩌면 가끔 이 목소리에 울고 싶어질 수도 있다. 그렇다면 애써 감정을 억누르지 말고 울어라. 감정을 표출하는 일은 절대 창피한 일이 아니다.

나도 그런 경험이 있다. 유난히 어려운 연구보고서를 작성 중이던 때였는데, 마무리해야 할 날까지 시간은 너무 촉박한데다 해야 할 다른 일은 또 어찌나 많던지 일이 손에 잡히지 않을 정도로 초조했다. 하지만 이러한 감정을 떨쳐내야 함을 나도 잘 알고 있었다. 그러지 않으면 더 최악의 상황을 마주하게 될 것이 뻔했으니까.

그래서 나는 나를 진정시키기 위해 애쓰며 나와 가장 가까웠고, 나를 가장 아껴주셨던 내 할머니를 떠올렸다. 그러자 늦은 밤까지 숙제를 끝내지 못했던 어린 시절의 어느 날로 돌아간 듯 할머니는 내게 말씀하셨다.

"거봐라. 이젠 알겠지? 마지막까지 일을 미루면 안 된다는 걸. 그래도 아직 시간이 있으니 너무 조급해하지 말고 일을 시작하렴. 조금만 힘을 내면 끝낼 수 있을 거야."

순간 나는 그 누구보다 자애롭지만 한눈에 나를 꿰뚫어 보시던 할머니의 눈빛이 떠올라 왈칵 눈물을 쏟고 말았다.

그런데 정말 신기하게도 할머니가 내 머리를 쓰다듬어주시는 것 같은 기분을 느끼며 그렇게 한참을 울고 나니 갑자기 없던 기운이 생기면서 마음이 한결 홀가분해졌다. 이후 나는 세수를 한 뒤 나 자신에게 말했다.

"난 할 수 있어!"

할머니의 목소리가 나의 목소리로 변한 그날, 나는 예정대로 보고서 작성을 마무리했다.

인자한 목소리를 상상해 자신을 위로하고 응원하는 일은 결코 자기를 기만하거나 현실에서 도피하기 위한 행동이 아니다. 이미 습관화된 우리 뇌의 부정적인 시스템을 조정하기 위한 것이다. 인자한 목소리가 머릿속에 울려 퍼지는 것에 익숙해질수록 자신을 비난하는 부정적인 목소리는 줄어든다. 그렇게 결국 완전한 대체가 이루어지면 점차 마음이 편안해지면서 행동할 힘이 차오름을 느낄 수 있다.

어떻게 긍정적 사고를 기를까?

긍정적인 사람이 더 공부를 잘하기 쉬울까, 부정적인 사람이 더 공부를 잘하기 쉬울까?

우리는 흔히 부정적인 사람이 더 냉정하고, 엉덩이 힘이 더 좋으며, 실패의 고통을 더 잘 감내할 것이라는 착각을 한다. 그들은 실패라는 결과를 받아들이지 못하는 사람들이기에 애초부터 이런 상황을 만들지 않기 위해서 더 많이 노력할 테니 더 좋은 성적을 받을 수밖에 없다고 생각하는 것이다.

그도 그럴 것이 공부를 열심히 하는 주변 친구들을 보면 하나같이 미간을 잔뜩 찌푸린 채 사뭇 심각한 표정을 하고 있는데, 보기만 해도 부정적인 사람일 것 같다는 생각이 자연스레 들기 때문이다.

하지만 정말 그럴까? 일찍이 1984년에 긍정심리학의 아버지 마틴 셀리그먼(Martin Seligman) 박사가 진행했던 실험에 따르면, 그 결과는 사람들의 생각과 정반대다. 즉, 긍정적인 사람의 학업성적이 더 좋았을뿐더러 졸업 후 사회에서도 더 좋은 성과를 낸다는 사실이 증명된 것이다!

이 같은 결과는 두 부류의 사람들이 고난과 좌절을 바라보는 다른 시각에서 비롯되었다. 박사의 말대로라면 자신에게 벌어진 일을 습관적으로 해석하는 방식, 즉 '설명 양식(Explanation Style)'이 긍정적인 사람과 부정적인 사람의 차이를 만든 것이다.

예컨대 긍정적인 사람은 실패와 좌절을 일시적인 것으로 받아들여 자신이 처한 상황을 얼마든지 극복하고 바로잡을 수 있다고 생각했다. 그런 까닭에 마음의 여유를 갖고 실패 경험에서 교훈을 얻어 자신을 더욱 발전시킬 수 있었다.

반면 부정적인 사람은 실패와 좌절을 겪으면 '이럴 줄 알았어. 난 안된다니까', '늘 이런 식일 테니까 난 절대 극복하지 못할 거야'라고 생각했다. 그들은 이렇게 한 번의 실수로 모든 것을 부정하며 자책의 늪에서 헤어날 줄 몰랐고, 그렇게 더욱 좌절을 두려워하게 되었다.

그러나 인생에는 성공과 실패가 있고, 얻는 것이 있으면 잃는 것이 있게 마련이다. 관건은 이러한 일들을 어떻게 바라보느냐다. 당신은 부정적인 태도로 자신을 원망하며 한탄만 하겠는가, 아니면 긍정적인 태도로 정면 돌파하겠는가?

답은 물론 후자일 것이다! 관련 심리학 연구 결과가 말해주듯 긍정의 마인드는 후천적인 노력으로도 얼마든지 가질 수 있으니까!

ABC 모델

저명한 심리치료사 앨버트 엘리스(Albert Ellis)는 어떤 사건 자체가 결과를 초래하는 것이 아니라 사건이 발생했을 때 그것을 대하는 우리의 시선이나 생각이 결과에 영향을 준다며, 이를 이른바 ABC 모델이라고 설명한다.

여기서 A는 Adversity, 좌절 혹은 심리적 자극을 뜻한다. B는 Belief, 어떤 사건에 대한 믿음과 마음가짐을 가리킨다. C는 Consequence, 우리가 취할 행동 또는 결과를 뜻한다.

예컨대 어떤 중요한 시험을 망쳐 기대에 못 미치는 결과를 받았다면 이것이 바로 우리가 직면한 좌절이라고 할 수 있다.

그렇다면 이에 대해 우리는 어떤 마음가짐과 어떤 생각을 가지게 될까?

어쩌면 몹시 씁쓸해하며 이런 불평을 늘어놓을지도 모른다.

'복습할 때 딱 몇 페이지 빼먹었는데, 하필이면 거기서 배점이 높은 문제가 나올 게 뭐람. 내가 얼마나 열심히 했는데! 그래도 이 모양이라니, 난 정말 공부 머리가 없는 게 아닐까?'

하지만 이렇게 생각할 수도 있다.

'복습한 부분은 그래도 곧잘 풀었는데, 틀린 부분은 내가 부주의했나 보다. 요행을 바라고 복습을 제대로 안 해서 틀린 건 내 잘못이지, 뭐. 다음에는 문제 푸는 습관도 고치고 제대로 마음잡고 복습도 해야지! 그럼 더 좋은 성적을 받을 수 있을 거야.'

그런데 이렇게 마음

가짐이 다르면 자연히 서로 다른 결과(C)가 나오게 된다. 전자의 경우는 저도 모르게 자포자기해 다음 시험을 더 망칠 가능성이 크다. 어차피 복습해도 소용없다는 생각에 차라리 시간 낭비하지 말자는 마음으로 공부를 더 안 하게 될 수 있기 때문이다. 반면 후자의 경우 다음엔 더 잘할 수 있다는 자신감에 자신의 복습 방법을 개선해가며 노력하고, 결국 다음 시험에 정말 더 나은 성적을 받을 가능성이 크다.

또 다른 예로 같은 학교에 다니는 친구와 말하기 대회에 나가게 되었다고 가정해보자. 함께 대회에 출전하는 친구는 당신과 같은 학년으로 같은 경력을 가지고 있으며, 심지어 준비한 원고의 수준도 비슷한 상태다.

그렇다면 이때 두 사람에게 심리적 자극이 되는 요소는 무엇일까? 바로 곧 무대에 올라가야 하는 긴장감일 것이다. 그런데 사실 이런 상황에 긴장감을 느끼는 것은 지극히 자연스러운 일이며, 긴장의 순간 심장박동이 빨라지고, 입이 마르며, 아드레날린이 상승하고, 심지어 혈압이 오르는 것 역시 자연스러운 반응이다.

하지만 이때 상대 학생은 '왜 이렇게 긴장이 되는 거야! 난 정말 사람들 앞에서 말하는 거 딱 질색인데. 선생님 때문에 이게 뭐람. 다들 내가 말재주 없는 거 눈치챌 텐데. 그럼 친구들은 또 얼마나 나를 비웃을까? 아, 망했어!'라고 생각했다면, 그는 어떤 결과(C)를 낳게 될까?

당연히 긴장이 배가 되는 결과를 초래할 것이다. 어쩌면 불안한 마음에 안절부절못하다 괜히 다른 사람에게 화를 낼지도 모른다. 이뿐만 아니라 상황을 모면하기 위해 온갖 핑계를 찾으며 무대에 올라갈 준비를 하긴커녕 시간만 끌 수도 있다.

최악의 경우 정식으로 무대에 올라 아무 말도 하지 못한 채 그냥 내려올지도 모를 일이다.

한편 긴장하긴 했지만, 이 긴장감을 당연한 것으로 받아들인 당신은 긍정적으로 생각하고자 했다.

'흔치 않은 기회인데 선생님이 이런 기회를 주셨다는 건 내게 말솜씨가 있다는 뜻일 거야. 친구들도 모두 내가 말하는 걸 지켜볼 테니까 오늘은 정말 최선을 다하자!'

그렇다면 이런 마음가짐을 한 당신에게는 어떤 결과(C)가 나타날까?

자신의 긴장 반응을 자연스럽게 받아들인 당신은 아마도 무대 설 준비에 집중할 것이다. 친구들에게 비웃음거리가 되면 어쩌나 하는 걱정이 아닌, 친구들에게 응원받을 생각에 더 적극적으로 주어진 기회에 임해야겠다는 마음이 생겼을 테니까. 심지어 기대가 생기기 시작했을지도 모른다.

이처럼 같은 상황일지라도 긴장감에 대해 다른 해석이 존재할 수 있으며, 그 해석에 따라 한 사람은 상황을 피하려 하고, 다른 한 사람은 기대를 품는 전혀 다른 결과가 나올 수 있다.

요컨대 어떤 일이 벌어졌을 때 이를 부정적인 시각으로 바라보느냐, 긍정적인 시각으로 바라보느냐는 결국 우리의 선택에 달려 있다. 즉, 우리의 선택에 따라 연쇄반응이 일어나 더 큰 결과를 만들어낸다는 뜻이다.

그러므로 우리가 선택해야 할 것은 긍정적인 시각이다. 긍정적으로 생각하고, 적극적으로 행동하면 아무리 어려운 상황이라도 반전의 기회를 마련할 수 있다.

부정적인 생각에 사로잡혀 자신을 원망하면서 세상으로부터 버림받기라도 한 듯 자꾸만 구석에 숨으려 하면 아무리 많은 사람이 당신을 딱하게 여긴다 해도 달라질 건 아무것도 없다.

그러니 바닥까지 가라앉은 기분에서 벗어나 자신의 처지를 바꾸고 싶다면 긍정적인 마음가짐을 가지려는 노력부터 해보자! 습관적으로 우리 인생의 면면을 긍정적으로 해석하고 받아들일 수 있도록 말이다.

시험 전 불안을 마주하는 방법

사람들은 대개 시험을 앞두고 불안감을 느낀다.

'내가 복습을 잘한 걸까?'

'이번 시험 망치면 내 인생도 끝장인데……'

'시험을 보지 않을 수만 있다면 진짜 내가 가진 건 뭐든 내어줄 텐데……'

이런 생각들이 머릿속을 맴돌다가 점점 커지는 스트레스에 십중팔구 잠을 설치고 결국 컨디션을 망치곤 한다.

그렇다면 이런 감정들이 스멀스멀 고개를 들 때는 어떻게 해야 할까? 자기 자신에게 딱 다섯 가지 질문을 던져보자.

1. 정말 그렇게 생각해?

2. 이 생각에 반박할 만한 증거는 없을까?

3. 이 생각이 내게 도움 되나?

4. 지금 가진 이 생각을 버리고 내가 예상할 수 있는 최악의 결과는 뭘까?

5. 지금 가진 이 생각을 버리고 내가 예상할 수 있는 최고의 결과는 또 뭘까?

이는 심리치료사 앨버트 엘리스가 연구 개발한 REBT, 즉 '인지정서행동치료법(Rational Emotive Behavior Therapy)'에 속하는 질문들이기도 하다.

상황을 가정해 이 다섯 가지 질문을 활용해보자.

올해 중간고사를 망친 당신(평소 수준과 비교했을 때)! 그런데 또 다가온 기말고사를 앞두고 갑자기 긴장감이 몰려오기 시작한다. 아직 충분히 복습하지 못했는데, 이번에도 시험을 망치면 어쩌나……. 이런 걱정들은 자꾸만 부정적인 목소리로 변해간다. 당신은 생각한다.

'분명 시험을 망치고 말 거야! 난 이제 끝났어!'

자, 그럼 다섯 가지 질문을 적용해 자기의 생각을 하나하나 점검해보자. 가능한 한 성실하게 응답하되, 자신의 부정적인 감정에 어깃장을 놓기 위해서가 아니라 불안을 마주하기 위한 질문임을 잊지 말자.

1. 문: '분명 시험을 망치고 말 거야!' 정말 그렇게 생각해?

답: 정말이야. 중간고사도 망쳤잖아!

문: 그럼 정말 '난 이제 끝났어!'라고 생각해?

답: 아니, 사실 시험을 잘 못 보면 기분은 나쁘겠지만 그렇다고 전 과목을 낙제할 정도는 아닐 테니까 '끝났다'라는 생각은 좀 심했지.

2. 문: '분명 시험을 망치고 말 거야!'라는 생각에 반박할 만한 증거는 없을까?

답: 있지. 작년 기말고사는 성적이 나쁘지 않았거든. 그러니 매번 시험을 망친 건 아니야.

문: 그럼 '난 이제 끝났어!'라는 생각에 반박할 만한 증거는?

답: 사실 아직 멀쩡한 내가 증거지.

3. 문: '분명 시험을 망치고 말 거야! 난 이제 끝났어!'라는 생각이 내게 도움 되나?

답: 솔직히 전혀 도움이 안 돼. 오히려 더 불안해져서 집중할 수가 없어.

4. 문: 지금 가진 이 생각을 버리고 내가 예상할 수 있는 최악의 결과는 뭘까?

답: 기말고사도 망치는 거! 그럼 정말 끔찍할 거야. '끝났다'라고

말할 정도는 아니겠지만!

5. 문: 지금 가진 이 생각을 버리고 내가 예상할 수 있는 최고의 결과는 또 뭘까?
답: 더 냉정하고 이성적인 마음으로 이 시험을 마주할 수 있게 되는 것. 자신감이 좀 더 생기면 시험을 더 잘 볼 수 있을지도 몰라.

이 다섯 가지의 질문에 답한 후 한 번 더 자신의 감정을 느껴보자. 그러면 불안감을 덜어낸 자신을 발견할 것이다. 이게 무슨 이치냐?

사실 이는 심리학에서 '자기 논박(Self-refutation)'이라고 불리는 문제들이다. 첫 번째 문제는 '정말 그렇게 생각해?'라는 간단한 질문으로 과장됨 없이 있는 그대로의 문제를 직시하도록 일깨우는 효과가 있다. 두 번째 문제는 이성적으로 상반되는 증거를 찾음으로써 극단적인 생각에서 벗어나게 도와준다. 세 번째 문제는 그 생각을 놓지 못하고 집착할 때 자신에게 부정적인 영향을 줄 수 있음을 깨닫게 해준다. 네 번째 문제는 최악의 시나리오를 준비할 수 있게 해준다. 긍정적으로 생각을 전환하기 위한 과정에 최악의 시나리오를 상상하라니 이게 웬 말인가 싶겠지만, 사실 우리는 오히려 가장 걱정되는 일은 생각할 엄두를 내지 못하는 경우가 많다. 따라서 자신에게 벌어질 최악의 상황을 상상하는 일 역시 일종의 현실 직시법이다. 다섯 번째 문제는 이 집념을 버렸을 때의 장점을 생각할 수 있게 해준다.

이처럼 자기 논박의 과정을 거치면 실은 자신이 지나치게 문제를 부풀려 스스로 겁을 주고 있었다는 사실을 발견할 것이다. 요컨대 결과가 어떻게 될지는 일이 벌어진 후에야 알 수 있다. 사서 걱정해봐야 아무런 도움이 되지 않는다. 오히려 스트레스만 커질 뿐이다.

그러니 좀처럼 풀리지 않는 마음의 응어리나 쉽게 떨칠 수 없는 감정이 생겼을 때는 이 다섯 가지 질문으로 스스로 반문해 자신의 선입견과 부정적인 감정에 도전해보자. 순서에 따라 질문을 던지다 보면 좀 더 이성적으로 현실을 직시하고, '이 집념을 내려놓으면 어떤 이득이 있는지'를 생각할 수 있게 될 테니까.

참고로 한 마디 덧붙이자면 '자기 논박'의 도움을 받아 부정적인 감정을 가라앉힌 후엔 그저 생각만 하지 말고 행동해야 한다. 생각 바꾸기는 좀 더 적극적으로 문제를 마주 보기 위함이다. 그러니 생각이 바뀌었다면 움직여야 한다.

'인생은 운명과 그 운명을 대하는 우리의 태도에 달려 있다.'

우리가 살면서 맞닥뜨리는 모든 난제와 역경도 마찬가지다. 올바른 사고방식과 올바른 인생 또한 생각 바꾸기에서부터 시작된다.

진짜 학습 동기 찾기

===

많은 사람에게 공부는 그다지 즐거운 일이라고 할 수 없다. 끊임없이 자신의 '귀차니즘'을 극복해야 하는 데다 새로운 지식을 배우고 생각의 폭을 넓히려면 지루한 연습에 많은 시간을 쏟아야 하기 때문이다. 그래서 사실 여러 부정적인 감정과 스트레스는 공부 자체에서 비롯된다고 해도 과언이 아니다. 하지만 이럴 때일수록 우리는 근본적인 질문, 즉 이 책의 첫 장을 시작하며 모두에게 던진 질문으로 돌아갈 필요가 있다.

"왜 공부를 하는가?"

자신이 무언가를 왜 공부하는지 그 이유를 알면 학습 과정에서 부닥칠 여러 어려움을 극복할 강력한 동기가 생긴다. 예컨대 훗날 백패커가 되어 세상 곳곳을 탐험하려면 지리 공부를 잘해야 한다든가, 훗날 생물제약 분야에서 다양한 질병의

치료제를 찾아 환자들의 고통을 덜어주려면 생물과 화학을 공부해야 한다는 식으로 말이다.

이처럼 자신만의 답을 찾으면 당장 자신을 괴롭게 하는 문제는 그리 중요하지 않게 된다. 게다가 노력하면 할수록 점점 더 긍정적인 마음가짐을 갖게 되어 학습 효과도 좋아지는 선순환이 이뤄진다.

그러나 '왜 공부를 하는가?'라는 질문의 답이 '부모님이 좋은 성적을 기대하셔서' 혹은 '선생님 말씀이 내가 물리를 잘한다고 하셔서' 등이라면 이는 학습 동기로서 그리 큰 힘을 발휘할 수 없다. 내가 아닌 다른 사람의 기대를 바탕으로 하기에 우리 자신에겐 진정한 의미가 없기 때문이다. 그런 까닭에 어떤 역경이나 좌절을 겪자면 쉽게 무너질 수밖에 없다.

마음에서 우러나온 진짜 학습 동기를 찾아야 자신의 '찐' 학습력을 뒷받침할 수 있다. 학습력은 한때를 위한 게 아니라 일생을 위한 것이어야 한다. 단순히 이번 시험만 대비하면 끝이라는 생각이 아니라 평생 무엇을 공부하든 문제없을 학습 태도와 학습 체계를 갖추어야 한다는 뜻이다.

그러니 자신의 진짜 학습 동기를 찾아 '뭔가를 공부해야만 해'라는 생각을 '뭔가를 공부하고 싶어'라는 생각으로 바꿔보자. 이는 학습력의 초석이자 당신의 신념이 되어 어떤 어려움에도 무릎 꿇지 않고 언제나 앞으로 나아가게 하는 힘의 원천이 될 것이다!

Chapter 10

성장형 사고방식:
성적보다 더 중요한 성장, 성장은 성적을 높여준다

성공의 공식에서
제곱이 되는 끈기

끈기라는 주제를 이야기할 때마다 나는 마샤가 생각난다.

그녀는 나의 대학 동창으로, 둥글둥글한 체형에 느릿한 말투며 웃는 모습이 테디 베어를 똑 닮았다.

보스턴의 빈민가 출신에 사립학교도 나오지 않은 그녀가 하버드대학교 교육대학원 박사과정에 지원할 수 있었던 건 순전히 그녀의 노력과 행동력 그리고 다년간의 실무 경험 덕분이다. 그녀는 언젠가 교장이 되어 고향으로 돌아가 그곳의 교육환경을 개선할 수 있기를 꿈꿨다.

당시 우리 대학원생들에겐 악몽과 같은 수업이 있었다. 바로 통계학이었다. 일단 공부해야 할 것이 많았고, 시험은 어려웠으며, 교수님도 엄격하시기로 유명했다. 수업 시간마다 교수님이 잠시 설명을 멈추고 "누구 질문 있는 사람?"이라고 물으면 다들 몸을 움츠리며 고개를 떨구기 바빴다. 그러나 유일하게 마샤는 항상 손을 번쩍 들고 느릿느릿 말했다.

"선생님, 잘 이해가 안되는 부분이 있는데…….."

처음엔 질문조차 더듬더듬 말해서 기본적인 이해도 부족한 듯 보였는데, 그래서인지 교수님은 이렇게 말씀하셨다.

"그렇군요, 괜찮아요. 일단 진도를 나가고 학생은 수업 후에 나를 찾아오도록!"

그렇게 매번 수업이 끝날 때마다 마샤는 강단으로 나가 교수님을 만났다. 그러면 교수님은 손짓과 발짓을 써가며 그녀에게 설명해주었고, 그녀는 완전히 집중하며 고개를 끄덕였다. 다른 학생들이 모두 강의실을 떠나도록 두 사람은 여전히 '보충 수업'을 이어갔다.

종종 학생휴게실에서 마샤를 마주쳐도 그녀는 늘 과제를 하고 있었다. 그러다 막히는 부분이 있으면 스스럼없이 우리를 붙잡고 빙그레 웃으며 말했다.

"저기, 이 문제 좀 봐줄래? 내가 답을 맞게 쓴 건지 헷갈려서…….."

교수님은 그녀의 노력이 가상했는지 중간고사 후 특별히 그녀의 자리로 가서 "이 정도면 선방했네. 더 열심히 하세요" 하며 따로 격려를 건네기도 했다.

그러나 마샤는 딱히 조바심을 내진 않았다. 수업 시간에 진도를 따라가기가 힘에 겨운 듯 가끔 미간을 찌푸리며 세상 심각한 표정을 보이기도 했지만, 평소엔 늘 명랑한 모습 그대로였다.

"통계학이 정말 쉽지 않네. 그래도 이제 개념이 조금 잡히기 시작한 것 같아……."

그러던 어느 날 마샤는 확실히 개념을 깨친 듯했다. 함께 수업을 듣는 학생들도 그녀가 하는 질문을 통해 예전과 달라졌음을 느낄 정도였다. 그 후 그녀는 그야말로 비약적인 발전을 거듭하더니 다른 학생들의 진도를 따라잡는 것도 모자라 앞지르기 시작했다. 기말고사 후 교수님은 말씀하셨다.

"보통 이렇게 공개적으로 성적 얘기를 하지는 않는데, 이번엔 말을 안 할 수가 없네요. 마샤 학생이 이번 시험에서 가장 높은 점수를 받았습니다. 자, 모두 박수!"

이듬해 마샤는 통계학 수업의 조교가 되었다.

그렇게 많은 공부법을 배우고, 또 그렇게 여러 지식을 익히면서 우리에게 가장 중요한 것이 무엇일지 생각해본 적 있는가?

참고로 나의 답은 끈기다!

배운 방법들을 실제 학습에 적용해 자신의 공부 습관으로 만들기까지 끊임없이 연습하고 수정하는 꾸준함이 다른 무엇보다도 중요하다는 뜻이다.

듣기엔 아주 간단한 일 같지만, 이는 가장 어려운 부분이기도 하다. 무엇이든 말은 쉬워도 실천이 어려운 법!

매일 운동하기, 일찍 자고 일찍 일어나기, 미루지 않기 등등 모든 좋은 습관에는 장점이 있음을 누구나 잘 안다. 그러나 이를 매일 반복하며 꾸준함을 잃지 않기란 보통 어려운 일이 아니다.

끈기는 여느 사람들처럼 평범하게 살아갈 것인가, 남보다 앞설 무언가를 가지고 뛰어난 사람으로 거듭날 것인가를 가르는 하나의 분수령이기도 하다.

심리학자 앤젤라 리 더크워스(Angela Lee Duckworth)는 '자신을 위해 의미 있는 장기 목표를 확정하고 끝까지 그 목표를 추구하는 능력'을 '그릿(GRIT)'이라고 지칭한다. 최근 교육학계에서 매우 중시하는 발견으로, 이는 과거의 여러 인식을 뒤엎고 있다.

관련 연구 결과에 따르면 어떤 영역에서든지 뛰어난 성취를 이루는 가장 큰 요인은 IQ도, EQ도, 외모도 아닌 바로 GRIT이었다. 특히 불확실성과 변화가 가득한 환경에서 우리는 수많은 시행착오를 겪는데, 이때 절대 포기하지 않는 열정과 끈기, 즉 GRIT이 있는 사람은 부단한 시도로 결국 성공의 기회를 만들어내는 것으로 나타났다.

물론 '뜻이 있는 곳에 길이 있다', '열 번 찍어 안 넘어가는 나무 없다' 등 끈기와 관련한 속담이 많을 정도로 끈기는 예로부터 그 중요성이 강조되어왔다. 그러나 심리학자들이 강조하는 GRIT은 다음 두 가지의 핵심 요소를 포함하고 있다.

1. 장기 목표에 대한 열정(Passion)
2. 끝까지 견지해 나아가는 끈기(Perseverance)

여기서 전자는 마음속의 그 '왜'라는 질문의 답을 찾아야 한다는 뜻이다. 자신이 왜 그 목표를 달성하려고 하는지 진짜 이유를 알면, 목표를 향해 나아갈 동력이 충만해진다. 한편 후자, 즉 내가 특히 강조하는 끈기에는 두 가지 의미가 내포되어 있다. 첫째는 충분한 집요함과 꾸준함이 있느냐, 둘째는 매일 같이 지루하고 반복적이기까지 한 연습을 견뎌낼 힘이 있느냐다.

사람들은 좋은 생각이 떠오르면 순간의 열정으로 신이 나서 길을 나선다. 그러나 막상 길을 나서면 모든 풍경이 아름답지만은 않다는 사실을 깨닫고 이내 신선함이 주던 들뜸을 잃는다. 들뜸이 사라지고 남은 자리에는 자질구레하고 지루하며 착실한 노력이 필요한 일들만 남지만, 사람 대부분은 이를 견뎌내지 못한다.

이는 공부할 때도 마찬가지다. 예컨대 아주 흥미로운 과목을 발견해 효율적인 학습 방법까지 익히고 나면 우리는 얼른 이 방법을 활용해 해당 과목을 마스터하고 싶어 한다. 그러나 막상 공부를 시작하면 그 과정이 얼마나 지루하고 또 오랜 시간이 걸리는지를 깨닫는다.

그러나 우리는 이렇게 지루하고 자질구레한 과정을 견뎌내며 매일매일 꾸준히 우리가 원하는 그 목표를 향해 나아가야 한다.

이것이 바로 끈기다.

나는 이 책을 읽고 있는 당신이 이 끈기를 가졌으면 한다. 공부는 마라톤과 같아서 끊임없는 노력과 인내심, 뚝심, 그리고 고뇌와 외로움을 극복할 힘이 필요하며 자기 자신과 평화롭게 지낼 줄도 알아야 하기 때문이다.

물론 지금껏 내가 공유해온 내용처럼 공부의 지루함을 덜어내고 능률을 높일 방법은 많다. 예를 들면 공부와 휴식의 균형을 찾는다든지, 큰 목표를 작은 목표로 쪼갠다든지, 마음가짐을 익힌다든지 등처럼 말이다.

그러나 이 모든 방법이 제 기능을 발휘하도록 만드는 토대는 공부에 대한 열정과 끈기임을 알아야 한다. 이 토대가 튼튼할수록 우리는 더 큰 학습 능력을 발휘할 수 있다.

GRIT을 정의한 앤젤라 리 더크워스는 다음과 같은 성공 공식을 제시했다.

재능 × 노력 = 기량

기량 × 노력 = 성취

어떤 재능을 위해 노력을 쏟으면 기량을 얻을 수 있고, 노력에 이 기량을 활용하면 성취할 수 있다.

노력하지 않으면 그 재능은 그저 미개발 잠재력에 지나지 않으며, 노력하지 않으면 본인의 기량으로 할 수 있는 일도 할 수 없는 일이 된다. 노력 없이는 기량을 발휘할 기회도 없을 테니까.

앤젤라 리 더크워스는 말했다.

"GRIT은 한 사람의 성공에 두 배의 비중을 차지합니다."

그러니 다음부터 주변의 재능 있는 사람들을 보며 '왜 저들에겐 있고, 내겐 없는 걸까?'라는 생각이 들거든 오랜 시간 꾸준히 연습하다 보면 나 또한 나아질 수 있음을 믿어라. 끈기가 있으면 반드시 발전할 수 있다. 이는 의심할 여지가 없는 사실이다.

성장형 사고방식 키우기

'이른 새끼가 살 안 찐다'라는 말을 들어본 적 있는가? 어릴 때 똑똑하고 재능이 넘친다 해서 커서도 반드시 훌륭하게 되리라는 보장은 없음을 이르는 말이다. 왜 그럴까?

스탠퍼드대학교의 캐롤 드웩(Carol S. Dweck) 교수 역시 이 문제에 관심을 가지고 연구를 진행한 바 있는데, 그녀의 연구 결과에 따르면 우리의 마인드세트, 즉 사고방식 혹은 마음가짐에서 큰 차이가 비롯됨을 알 수 있다.

캐롤 드웩 교수는 우리의 사고방식을 고정형 사고방식(Fixed Mindset)과 성장형 사고방식(Growth Mindset)으로 나눌 수 있는데, 이 사고방식이 학습에 큰 영향을 미친다고 말한다. 그녀의 설명에 따르면 고정형 사고방식을 가진 사람은 지능과 능력을 타고나는 것, 바꿀 수 없는 것이라고 믿는다.

그런 까닭에 어려움을 겪으면 자기 능력으로는 해결할 수 없다고 생각하며 상황을 회피하기 일쑤다. 또한 '내가 이렇지, 뭐!' 하며 학습을 통한 자기 성장의 기회를 거부하기도 한다.

고정형 사고방식	성장형 사고방식
노력은 그리 중요하지 않아. 지능이 관건이지	부단히 노력하면 좋은 성적을 받을 수 있을 거야
잘하는 일도 있지만 다른 일은 못해	배우고 싶은 건 뭐든 배울 수 있어
어려운 일은 난 못해. 그러니 포기할 수밖에	어려운 일이 있다면 도전해보고 싶어
실패는 난 안된다는 증거야	실패는 많은 교훈을 배울 기회야
다른 사람의 성공에 위협을 느꼈어	다른 사람의 성공에서 경험을 배웠어
이들은 일찌감치 자신의 한계를 정해 놓고 도전할 엄두를 내지 못한다. 실패를 받아들이지도 못하며, 자신이 무언가를 바꿀 수 있다고도 생각하지 않는다. 그런 까닭에 자신의 잠재력에 맞는 성과를 거두기 어렵다	이들은 자신에게 한계를 두지 않는다. 용감하게 안전지대를 벗어나 기꺼이 도전에 임하며 끊임없는 노력으로 한계를 돌파해 좀 더 쉽게 성과를 쌓아 나아간다

여기 사람들에게 똑똑하다는 말을 듣는 A가 있다. 그는 평소 공부하는 모습을 잘 볼 수가 없는데도 시험을 보면 늘 좋은 성적을 내며, 여러 단체 활동에 적극적으로 참여한다.

그런데 알고 보면 이 A는 자신의 '똑똑한' 이미지를 지키기 위해 집에 돌아가면 늘 밤늦게까지 공부한다. 누구보다도 열심히 공부하지만 다른 친구들 앞에서는 절대 공부한 티를 내지 않는 것이다. 또한 A는 중요한 대회나 시험을 앞두고 있을 때 누구보다도 많이 긴장하며 성적에 몹시 신경을 쓴다. 특히 다른 친구가 높은 점수를 받으면 겉으로는 아주 매너 있게 행동하지만 어쩐지 어색한 구석이 있다.

이 A는 고정형 사고방식을 가진 사람의 전형이다. 고정형 사고방식을 가진 사람은 '똑똑함이 모든 것을 결정한다'라고 생각하며 노력은 타고난 지능을 따라갈 수 없다고 본다. 또한 '실패'를 배척하고 부정하는 태도를 보이기도 한다.

한편 A와 마찬가지로 사람들에게 똑똑하다는 말은 듣는 B가 있다. 그러나 B는 A와 반대로 누가 봐도 매일같이 열심히 공부하는 학생이다. 그는 시험이 자신의 똑똑함을 증명해주는 도구가 아닌, 자신의 학습 성과를 점검해주는 도구라고 생각한다. 그런 까닭에 성적이 잘 나오지 않더라도 절대 실망하지 않는다. 그 대신 오답 노트를 꺼내 실패의 경험을 정리한다. 이런 B에게 우리는 성장형 사고방식을 가진 사람이라고 말할 수 있다.

물론 우리의 지향점은 성장형 사고방식을 키우는 것이다. 성장형 사고방식은 배움에 대해 더 적극적이고 개방적인 태도를 부여한다. 그래서 어려움이 닥쳤을 때도 우리가 당장 해야 할 일은 배움으로 해결 방법을 찾는 일임을 깨닫게 해주며,

다른 사람들이 그러했듯 나 또한 문제를 해결할 거라는 믿음을 심어준다. 이는 우리가 좌절이나 난관, 실패에 부딪혔을 때 중도에 포기하지 않고 긍정적인 태도로 끝내 문제를 극복하고 계획을 완수하도록 하는 힘이 되어준다.

그러나 일이 뜻대로 풀리지 않을 때 성장형 사고방식으로 생각하기란 쉽지 않다. 예를 들면 정말 해결하기 어려운 문제가 발생했을 때, 자기 능력으로는 제때 계획을 완수할 수 없음을 깨달았을 때, 좌절을 겪어 부정적인 감정이 불쑥불쑥 튀어나올 때, 이럴 때는 어떻게 해야 할까?

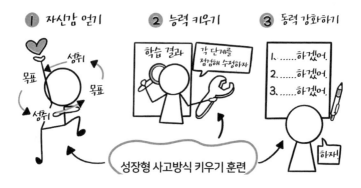

성장형 사고방식 유지의 핵심

포기하지 않는 열정과 끈기가 일종의 태도라면, 내게 문제를 해결할 능력이 있으며 문제가 해결될 때까지 지속적인 노력을 기울일 수 있다는 믿음은 성장형 사고방식을 유지하는 핵심이다.

이러한 믿음을 가지기 위해서는 세 가지 요소가 충족되어야 한다.

1. 문제를 해결할 수 있다는 자신감
2. 문제를 해결할 수 있는 능력
3. 문제를 해결하겠다는 의지(동력)

이 세 가지 중 어느 하나라도 부족해서는 안 된다. 능력은 있는데 자신감이 없으면 좌절 앞에 움츠러들고, 자신감은 있는데 능력이 없으면 문제가 생겨도 해결할 수 없다. 그저 자신의 기분만 괜찮을 뿐이다. 최상의 상태는 능력과 동력과 자신감을 모두 갖춰 좋은 결과를 만들어내고, 이 좋은 결과가 다시 우리의 세 가지 요소를 강화해 선순환을 이루는 것이다.

참고로 대학 시절에 나는 이 책에 언급한 학습 방법을 실천해 나의 공부 습관을 개선하고, 자기관리 능력을 강화해 학습 능률을 높였다. 그 결과 해당 학기의 수업을 더 잘 소화할 수 있게 되어 더욱 자신감이 붙었고, 이는 시험 결과에도 긍정적인 변화를 불러와 상당한 성적 향상 효과를 볼 수 있었다. 나는 이 좋은 학습 방법을 지속해 나아갈 의지와 자신감을 더욱 불태우며 선순환을 이뤘다.

훈련을 통해 이 세 가지 요소를 강화할 수 있느냐고 묻는다면 물론이다.

먼저 자신감을 얻기 위해서는 항상 긍정적인 피드백을 받으면 된다. 뭔가를 하면 즉각적으로 그에 대한 보상이 뒤따르는 일부터 시도해보는 것이다. 예를 들면 운동 앱을 활용해볼 수 있다. 요즘은 직접 계획을 세워 운동하고 그 목표를 달성하면 보상으로 포인트를 받는 앱들이 있으니, 작은 목표부터 시작해 차근차근 목표를 높여보라. 이렇게 한 번, 두 번 작은 성공의 경험이 쌓이면 꾸준히 지속할 힘이 생기고, 갈수록 좋아지는 몸과 마음에 자신감도 차곡차곡 쌓일 것이다.

꾸준함은 지속적인 긍정의 피드백을 불러오고, 이는 우리의 마음속에 '나는 할 수 있고, 이미 해내고 있다'라는 단단한 신념을 세우는 데 충분한 이유가 되어 자신감을 불러올 것이다.

그러니 자신감을 얻고 싶다면 큰 목표를 작은 목표로 쪼개 '작은 성취'의 경험을 꾸준히 쌓아가는 방법을 배우자. 그렇게 조금씩 더 큰 목표를 향해 나아가다 보면 자신감은 배가 될 것이다.

다음으로 능력을 키우려면 학습 과정에서 학습 결과를 끊임없이 점검하고 수정해가는 작업이 필요하다. 예컨대 달리기 연습을 한다면 팀원에게 자신이 달리는 모습을 촬영해달라고 부탁해 잘못된 자세 등을 점검한 뒤 이를 교정해보자. 이렇게 매번 달리는 자기 모습이 찍힌 영상을 확인해 교정을 거듭하다 보면 갈수록 실력을 발휘해 점점 더 좋은 기록을 낼 수 있을 테니까.

요컨대 번거로움을 두려워하지 않고 모든 단계의 결과를 점검해 수정할 줄 알아야 한다. 자신의 부족함을 찾아내고 빈틈을 메울 줄 알면 갈수록 허점이 줄어 학습 효과도 자연스레 좋아질 것이다.

끊임없는 수정 과정에서 점점 발전하고 있는 자신을 발견할 때, 능력 향상뿐 아니라 자신감도 상승할 것이다!

마지막으로 동력을 강화하려면 '학습'이라는 일을 바라보는 시선을 달리해야 한다. 사실 동력은 보통 학생들에게 가장 부족한 요소다. 그만큼 학습의 동력을 찾지 못하고 그저 시험을 위해, 혹은 부모님을 위해 공부하는 것 같은 학생이 많다는 뜻이다.

그런데 사실 공부는 우리가 좋든 싫든 해야만 하고, 또 잘해야 하는 일이다. 그렇다면 가장 간단한 방법을 써보자. 어떤 일을 '해야 해'라고 생각하기보다 의식적으로 의지를 덧대 '하겠어!'라고 생각해보는 것이다.

매일 잠자리 들기 전에 내일 해야 할 중요한 일들을 종이에 적어 목록을 작성하되, '~하겠어!'라는 표현을 사용하는 것도 좋은 방법이다.

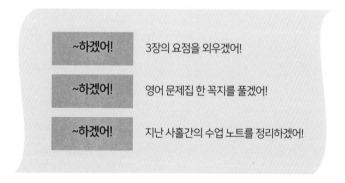

이렇게 적고 난 후 몇 번 소리 내어 읽으면 저도 모르게 이것이 바로 내가 원하는 일, 내가 선택한 일이라는 믿음이 생겨 동력이 강화된다. 그리고 이튿날 별다른 거부감 없이 이 일들을 해낼 수 있게 된다.

이는 결코 자신을 속이는 행동이 아니다. 농담이 아니라 이는 관련 심리학 연구를 통해 확실하게 그 효과가 입증된 방법으로, 우리의 잠재의식에 영향을 준다. '~해야 해'라고 말하는 습관을 '~하겠어!'라고 바꾸는 순간, 이는 우리의 잠재의식 속에서 우리 스스로 선택한 목표가 된다. 그리고 이러한 통제감은 더 강한 동력을 만든다!

이 세 가지 요소를 갖추기 위해 끊임없이 훈련하다 보면 자기 효능감이 커지고, 자신의 노력으로 성공을 일굴 확률도 높아진다. 이것이 바로 성장형 사고방식을 키울 열쇠다.

게임 속 성장형 사고방식

앞서 말한 방법들이 여전히 좀 어렵게 느껴진다면 혹은 실천하기에 조금 복잡할 것 같다면, 일상에서 쉽게 접할 수 있는 예를 들어 무엇이 자기 효능감인지, 또 무엇이 성장형 사고방식인지 설명해보겠다. 그 예는 바로 게임이다.

모바일 게임을 해본 사람이라면 쉽게 눈치챘겠지만, 게임의 규칙과 상벌(賞罰) 시스템은 우리가 앞서 말한 3대 요소 강화법과 매우 흡사하다.

첫째, 처음부터 보스가 등장하지는 않는다. 처음부터 보스를 상대하도록 설계되었다면 처참하게 패배해 더 플레이할 것도 없을 테니까. 그런 까닭에 보통 게임 초반에는 소소한 퀘스트를 다양하게 수행하도록 되어 있으며, 이를 완수하면 즉각 보상을 지급해 게임 캐릭터의 성장을 돕는 식이다. 이 과정에서 유저는 게임 캐릭터의 성장과 보상이라는 단맛을 보고 이 게임을 할 만하다고 느끼며 계속 다음 스테이지에 도전할 자신감을 가지게 된다. 사실 이는 모든 게임의 기본 설계이기도 하다.

둘째, 유저들은 게임하면서 끊임없이 자신의 플레이 방법을 수정한다. 예를 들면 각종 스킬이나 무기의 조합이라든지, 맵, 루트, 적에 따른 대응 방식 등을 말이다. 게임하다 보면 자신보다 강한 적을 만나게 되어 있고, 맵이 익숙하지 않아서 혹은 조작 실수로 자신의 캐릭터가 막대한 피해를 보는 일이 있게 마련이다. 그러나 유저들은 이러한 경험에서 교훈을 얻어 다음 플레이 때는 더 신중하게, 더 기술적으로 게임 속에서의 능력을 키워간다.

셋째, 물론 유저들은 게임을 매우 하고 싶어 하는데, 이는 그들의 주관적 의지로 강한 동력이 된다. 주관적 의지로 게임을 하면 플레이 중 자신감이 상승하고, 이것이 능력 상승으로 이어져 당연히 갈수록 많은 보상을 획득한다. 그렇게 유저는 그 게임에 푹 빠지고, 모든 걸 제어할 수 있을 것 같다는 느낌을 받는다. 전투에서 패배하더라도 공략을 잘 연구해 다시 도전하면 된다고 생각하는 것이다.

보라! 이것이 자기 효능감이고, 성장형 사고방식이 아니면 무엇이란 말인가? 사실 게임의 이러한 설계적 사고(Design Thinking)는 우리의 학습 설계에 충분히 활용할 수 있으며, 실제로 많은 전문가와 연구자가 이를 활용해 좋은 성과를 거두었다.

그러니 공부가 너무 어렵고, 노력하기도 어렵다는 생각이 든다면 게임의 설계 방식을 활용해 자신 앞에 놓인 퀘스트를 해결해보자. 작은 퀘스트부터 차근차근 완료해 작은 성공과 성취의 경험을 켜켜이 쌓아가다 보면 더 높은 레벨의 스테이지를 통과해 자기 삶에 대한 자신감도, 통제감도 키워갈 수 있을 것이다.

용감하게 안전지대를 벗어나
자신에게 도전하기

'일을 완수해내는 능력'(성공의 경험을 통한 체득)을 키우는 것 외에도 인생의 여러 도전을 긍정적인 태도로 바라볼 수 있도록 생각 습관을 조정하는 일 역시 성장형 사고방식을 키우는 데 도움 된다.

1. 흑백논리를 벗어던지고 인생을 시험의 장으로 간주한다

현대사회에는 참 많은 유혹이 있다. 이를테면 시험에서는 1등을 해야 할 것 같고, 성공하지 못하면 불행할 것 같으며, 눈앞의 기회를 놓치면 다시는 기회가 오지 않을 듯한 느낌의 유혹 등등. 그런 까닭에 우리는 젖 먹던 힘을 다해 체력과 정신력 그리고 시간을 쏟아붓지만, 일단 자신의 기대에 미치지 못하는 결과가 나오면 이내 실망하고 좌절하며 심지어 그대로 주저앉아버리기도 한다.

하지만 긴긴 우리네 인생에서 당장 기회를 놓쳤다 한들 그 기회가 영영 다시 오지 않으리라는 법은 없다. 당장은 어떤 일 때문에 힘들어하고, 자기연민에 빠지고, 울분을 토하더라도 시간이 지나 3개월 후 혹은 3년 후에 다시 그 일을 되돌아보면 그리 대수롭지 않게 느껴지는 이유도 이 때문이다.

인생이란 게 그렇다. 어느 문 하나가 닫히면 훗날 다른 문 하나가 열릴지도 모를 일이다. 어떤 일에 첫 실패를 맛봤다면 그 일에 성공하기까지 두 번째, 세 번째 실패를 맛보게 될 수도 있다. 그러니 절대 '지금 못하니 앞으로도 영원히 못할 거야'라는 생각은 하지 말자. 이는 그저 일시적인 자기 도피에 지나지 않으니까.

생각해보라. 우리 주변이나 뉴스를 보더라도 실패를 경험하고, 심지어 그 실패로 나락에 떨어졌더라도 자신의 노력을 통해 성공의 정점에 선 사람이 얼마나 많던가! 특히 사업가 중에는 실패를 거듭하고 중년이 되어서야 재기에 성공한 사람도 많다. 그러니 스스로 자신의 한계를 정하지도 말고, 당장 장애물에 부딪혔다고 쉽게 포기하지도 말자.

인생을 시험의 장으로 삼아 '이번에 안되면 다음에, 여기서 안되면 저기서 해보지, 뭐' 하는 마음가짐으로 임해보자. 그러면 언젠가 이 꾸준한 노력 속에서 자신만의 빛나는 순간을 맞이할 것이다.

2. 매사에 완벽이 아니라 자신의 발전을 추구한다

인생은 하나의 과정이다. 우리는 이 과정에 있는 관문을 하나하나 통과할 때마다 능력을 갖추고 날로 성숙해진다. 한편 우리가 겪고 있는 일들과 당면한 문제들은 결국 다 지나가 우리 인생의 한 페이지를 장식한다. 그런데 이 과정에서 우리가 매사에 완벽을 추구하고 늘 최고의 결과를 기대한다면, 저도 모르는 사이에 자신에게 많은 부담을 안겨줄 것이다. 문제는 이 부담이 우리 마음의 균형을 쉽게 무너뜨리고 최고의 결과를 낼 수 없다면 차라리 시작하지 않는 게 낫다는 회피성 마음가짐을 갖게 한다는 점이다.

그러니 이럴 때는 '모든 일을 완벽하게 할 필요는 없어. 내가 꾸준히 발전할 수만 있다면 그걸로 충분해'라고 자신을 다독여보자. 잠자리에 들기 전의 내가 당일 아침의 나보다 조금이라도 발전했다면 그 하루는 허투루 보낸 것이 아니다.

'완벽'이 아닌 '자신의 발전'이라는 시각으로 인생의 다양한 관문과 도전을 바라보면, 실행력이 향상되고 어려움과 좌절을 겪어내는 심리적 회복 탄성력도 증가한다.

3. 수시로 안전지대를 벗어나 새로운 것을 시도한다

안전지대(Comfort Zone)는 경영사상가 주디스 바드윅(Judith M. Bardwick)이 제시한 개념으로, 이미 익숙해진 심리적 패턴이나 행동 패턴을 가리킨다. 다시 말하면 자신이 가장 편안하고 익숙하다고 느끼는 일이나 공간, 또는 상태가 바로 안전지대다. 우리는 이 안전지대에 머무를 때 안정감과 편안함을 느끼는데, 일단 이를 벗어나면 어색함과 불편함 그리고 통제 불능감 때문에 얼른 기존의 안전지대로 돌아가려 한다.

예컨대 특정 주제에 대한 글을 잘 쓴다면 시험 때마다 그 주

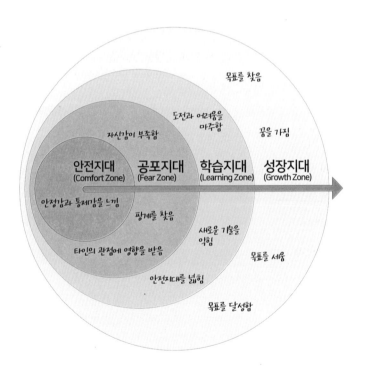

제의 글을 쓰려고 하고, 타인의 방해가 없는 환경에서 공부하길 좋아한다면 그런 환경에서 공부해야 공부가 더 잘되며, 문학을 좋아한다면 수학 문제 풀기보다 소설 읽는 데 더 많은 시간을 할애하려는 경향을 보이는 게 그것이다.

그런데 문제는 이러한 경향이 자신이 잘하는 어떤 일을 반복하려는 행동으로만 나타나지는 않는다는 점이다. 예컨대 인간관계가 불편해 동창 모임이 있을 때마다 집에 틀어박히려 한다든지, 사람들 앞에 나서는 일을 싫어해 학교에서 조직한 여러 활동을 모두 거부하려 한다든지 등등 자신이 잘하지 못하는 일을 회피하려는 행동으로도 나타난다.

물론 안전지대는 우리에게 안정감과 편안함을 준다. 그러나 우리에게 익숙한 것과 익숙하지 않은 것에 경계선을 그어 우리가 쉽게 그 경계선을 벗어나지 못하도록 만든다. 선을 넘어 익숙한 것에서 벗어난다는 두려움에 계속 제자리걸음만 하다 성장을 위한 다음 스텝으로 나아가지 못하는 것이다. 우리가 안전지대에 오래 머물지 않도록 스스로 각성해야 하는 이유는 바로 이 때문이다. 생각해보라. 우리의 젊은 날을 안전지대에서만 보내서야 되겠는가!

이미 특정 분야의 지식이나 기술에 익숙해져 성장의 정체기에 접어들었다는 생각이 든다면 안전지대에 너무 오래 머문 것은 아닌지 점검이 필요한 때다.

예컨대 농구를 배운다고 가정해보자. 이때 우리의 안전지대는 일정 시간의 연습으로 드리블 및 슛 등의 기본 기술을 익혀 팀원들과 호흡을 맞추고, 나아가 경기 때마다 10여 점은 너끈히 득점할 수 있게 된 상태라고 할 수 있다. 그런데 이 수준에 만족해 훈련을 그만둔다면, 농구 기술을 한 단계 더 끌어올려 더 큰 운동의 재미를 느낄 기회를 잃는다.

따라서 이럴 때는 안전지대 밖으로 발을 내디뎌 슛의 성공률을 높이고, 지구력과 점프력을 키우며, 자신의 몸을 더 단단히 만들 필요가 있다. 물론 이를 위해서는 매일 남보다 수천 미터를 더 뛰고, 몇백 번 더 공을 던지고, 웨이트 트레이닝을 하고, 자신보다 체격 조건이나 실력이 더 좋은 팀원과 1:1 훈련을 하는 등 개인 연습량을 늘려야 한다.

훈련 강도가 높아지면 에너지 소모도 커져 그만큼 몸이 더 피곤할 수밖에 없는데, 처음엔 이를 견디기 어려울 수도 있다. 자신에게는 너무 큰 도전처럼 느껴져 더는 못 할 것 같다는 생각도 들고, 어쩌면 그대로 포기하고 싶어질지도 모른다. 하지만 이는 자신의 성장을 위해 반드시 거쳐야 할 과정임을 알기에 이를 악물고 견디고, 그러다 보면 어느새 새로운 훈련 강도에 적응해 한층 발전한 기량의 자신을 느끼며 학습지대에 진입, 새로운 성장을 시작할 것이다.

이것이 바로 안전지대를 성공적으로 벗어나는 과정이다. 막상 실행하면 불편함과 스트레스 때문에 다시 안전지대로 돌아가고 싶은 마음이 들겠지만, 그래서는 기초 수준만을 유

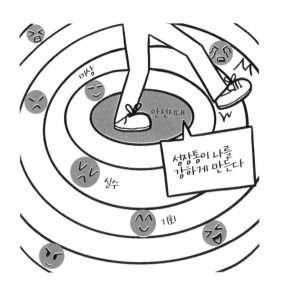

지할 뿐 기량을 끌어올릴 수 없다.

그러니 수시로 자신에게 선 넘을 용기를 북돋워주자. 아주 작은 걸음이라도 좋으니 안전지대 밖의 일들을 시도해볼 수 있도록 말이다. 이는 자신에게도 신선한 경험이 될 것이다. 매일 작은 변화의 움직임이 쌓여 큰 발전을 이루는 법이다.

온종일 노력하고 나면 온몸이 쑤시고 녹초가 된 기분일 것이다. 그러나 이는 껍데기를 깨고 나오는 성장의 아픔이자 근육이 붙어 심신이 튼튼해지고 있다는 증거다. 우리는 이를 통해 또 한 번 성장했음을 느낄 수 있다. 이는 성장을 위해 그리고 더 높은 목표를 이루기 위해 반드시 거쳐야 할 길이다. 중간에 먼 길로 돌아가거나 시행착오를 겪더라도 괜찮다. 그 속에서 소중한 경험을 얻어 다음엔 같은 실수를 반복하지 않으면 된다.

우리가 용감하게 안전지대를 벗어나 한 번도 해보지 않았던 일에 도전하며 인생의 모험을 감행할 때, 이렇게 자기 자신에게 도전해 새로운 나로 거듭나는 경험에 익숙해질 때, 그동안 지나온 과정과 새로운 경험 그리고 새로 만나는 사람들과 일들은 모두 어제보다 더 나은 내가 되는 밑거름이 될 것이다. 물론 이로써 우리의 인생도 다채롭고 풍성해질 것이다.

불가능은 없다. 우리가 그저 마음먹고 용감하게 모험에 나서기만 한다면 말이다.

Epilogue

이 책에 마침표를 찍기 전, 책을 시작하면서 던진 질문을 다시 하겠다.

'당신은 왜 공부하는가?'

이제는 내가 왜 이런 질문을 하는지 잘 알겠지만, 그래도 굳이 한 번 더 강조하자면 우리 마음속의 이 '왜(Why)'가 학습에 정말 너무나 중요한 역할을 하기 때문이다.

그렇다. 인간은 내적 동력을 찾아야만 한 가지 일을 오래도록 꾸준하게 지속해갈 수 있다. 내적 동력은 아무리 지루하고 부담이 큰일이라도 멈추지 말라며 우리의 등을 떠밀어준다.

그럼 학교를 졸업한 후에도 학습 동력을 유지해야 하느냐? 그럴 수 있길 바란다! 공부는 시험이 없다고 끝나는 게 아니니까. 사회에 나아가 새로운 직장에 들어가거나 새로운 일을 시작할 때 우리는 새로운 기술을 익혀야 하며, 한 직장을 계속 다닌다 해도 끊임없이 자신이 가진 지식을 업데이트해야 한다.

'평생 학습'이라는 말은 그래서 나온 것이다. 지금도 지식은 끊임없이 업데이트되고 있으며, 예측에 따르면 지식 폭발의 속도는 계속해서 빨라질 것이라고 한다. 다시 말하면 살아 있는 동안 우리가 배운 여러 지식이 한물간 지식이 될 수 있기에 새로운 지식을 배워야 시대의 흐름을 따라갈 수 있다는 뜻이다. 모두가 발전하며 뒷물결이 앞 물결을 밀어낼 때, 그저 손 놓고 앉아 밀려날 수는 없지 않은가!

이뿐만 아니라 인생의 단계마다 새롭게 등장하는 과제를 해결하기 위해서도 지속적인 지식의 업데이트는 필요하다. 같은 문제라도 이력과 경험 그리고 지식 배경이 달라지면 다른 해법이 나올 수 있는데, 충분히 넓은 시야와 풍부한 지식을 갖췄을 때 남보다 더 좋은 답을 낼 수 있다. 치열한 경쟁이 벌어지는 인생이라는 장거리 달리기에서 이는 매우 중요한 요소다.

따라서 우리는 모두 평생 학습자가 되어야 한다. 그렇다면 평생 학습자에게는 무엇이 가장 중요할까?

나는 호기심을 잃지 않는 능력이라고 생각한다.

호기심은 우리의 타고난 특성이다. 세상에 대한 왕성한 탐구욕으로 무엇이든 만져보고 건드려보고 싶어 하는 어린아이를 생각해보라. 그들이 얼마나 이 세상을 이해하고, 배우기를 갈망하던가!

우리 모두 한때는 이런 어린아이였다. 다만 나이가 들면서 고민이 많아지고, 여러 좌절을 겪고, 삶의 무게가 내려앉으면서 우리의 호기심이 조금씩 닳아 없어지고 있을 뿐이다. 그러나 호기심이 없는 학습은 그저 표면적인 것에 머무를 수밖에 없다. 그럴싸한 답을 찾아내고 나면 더는 문제를 탐구하지 않게 되기 때문인데, 이는 깊이 있는 학습에 재앙이나 다름없다. 지식은 결코 단편적인 것이 아니기 때문이다. 하나의 지식이 새로운 지식으로 확장되기도 하고, 다른 지식과 유기적으로 연결되기도 한다. '이 정도면 됐어' 하는 마음가짐으로는 주마간산식의 얄팍한 이해를 뛰어넘을 수 없다.

그런 까닭에 나는 당신이 미지의 영역에도 기꺼이 발을 들일 수 있는 호기심을 잃지 않았으면 한다. 이러한 호기심은 선입견의 간섭을 받지 않고 끊임없이 자신의 한계를 돌파해 드넓은 지식의 땅을 개척할 수 있게 해줄 테니까.

또한 내가 이 책을 통해 공유한 여러 개념과 방법을 보고 당신이 더 큰 자신감과 동력을 얻어 학습에 임할 수 있길 바란다. 나는 사람이라면 누구나 배움을 원하고, 또 잘 학습할 수 있다고 생각한다. 어떻게 공부를 잘할 수 있는지 그 방법만 배우면 공부에 재미가 생기고, 그 재미가 자신의 동력이 될 것이라고도 믿는다.

충분한 동력이 있다면 세상에 배우지 못할 것은 없다.

20세기의 위대한 물리학자 리처드 파인만은 말했다.

"삶이 대체 무엇인지 정확히 아는 사람은 없지만, 이는 조금도 중요하지 않다. 그러니 세상을 탐구하라! 당신의 연구에 깊이가 더해질수록 세상의 거의 모든 게 흥미로워질 것이다."

그리고 파인만 얘기가 나와서 말인데 '파인만 학습법'을 아직 기억하는가? 기억한다면 이걸 활용해 이 책을 읽지 않은 주변 친구들에게 책 내용을 소개해보길 권장한다. 만일 당신의 설명을 들은 사람들이 이 책의 내용을 이해하고, 나아가 흥미를 느꼈다면 축하한다! 이는 당신이 이미 이 책에 담긴 지식을 내재화했다는 뜻이니까. 물론 다른 사람에게 학습력에 관하여 일깨워준 것에도 고마움을 전한다.

사실 공부에서 재미를 찾고, 그 재미를 다른 사람에게 공유하는 일은 그 자체만으로도 무척 즐거운 일이다.

그러니 과거 내가 깨우침을 얻은 이래로 지금까지 사람들을 일깨우는 일을 하고 있다고 자부하듯, 당신 또한 꾸준히 당신의 학습력을 발휘하여 자신은 물론 다른 사람의 호기심에도 불을 지피길 바란다!

하버드대생
공부법은
당신과 다르다

초판 1쇄 발행 │ 2022년 9월 9일
초판 2쇄 발행 │ 2022년 10월 25일

지은이 │ 류쉬안 **옮긴이** │ 원녕경 **펴낸이** │ 박찬근 **펴낸곳** │ (주)다연
주소 │ 경기도 고양시 덕양구 삼원로 73 한일윈스타 1422호
전화 │ 031-811-6789 **팩스** │ 0504-251-7259 **이메일** │ dayeonbook@naver.com
본문 │ 미토스 **표지** │ 강희연

ⓒ (주)다연

ISBN 979-11-92556-01-7 (03320)

※ 잘못 만들어진 책은 구입처에서 교환 가능합니다.